中国社会变迁中的经济问题研究

顾保国 著

北京联合出版公司
Beijing United Publishing Co.,Ltd.

前言

以党的十一届三中全会为标志，中国开启了改革开放历史征程。从农村到城市，从试点到推广，从经济体制改革到全面深化改革，40 年众志成城，40 年砥砺奋进，40 年春风化雨，中国人民用双手书写了国家和民族发展的壮丽史诗。在书写壮丽史诗的过程中，中国社会发生了翻天覆地的变化，但最根本的变化一定来自经济领域。

恩格斯说："根据唯物史观，历史过程中的决定性因素归根到底是现实生活的生产和再生产。"进入 21 世纪，中国加入 WTO（世界贸易组织），快速融入世界经济体系，成为世界经济大家庭中的一员，既分享了经济全球化的红利，也为世界经济稳步发展做出了巨大贡献，并成为世界第二大经济体。随着科技的发展和人类社会的进步，马克思主义政治经济学理论研究的实践基础发生了根本性改变，社会生产关系更加复杂，世界各经济体之间的交流更加密切，理论要对社会实践做出指导，就必须紧跟时代步伐，不断进行理论创新。当前，我国社会主要矛盾已经转化为人民日益增长的美好生活需要和不平衡不充分的发展之间的矛盾。

所有理论研究与探讨都是在以上时代背景下围绕这些核心问题展开的。而我们经济研究工作的目的就是要探讨这些问题，为了中国经济更好更快更平稳地发展，创造更多的财富，提高人民生活水平，进而建成富强民主文明和谐美丽的社会主义现代化强国。

我生长于这个伟大时代，从1997年开始在复旦大学读研究生，到中国人民大学从事博士后研究工作，再到《求是》杂志社从事党的理论宣传工作，无论在哪里，我都始终关注我国经济发展这一根本性问题，并且从未停止思考。学术研究是一项基本工作，它不仅能提高自己的业务水平，还能提升自己解决问题的能力。

恩格斯指出，理论思维“是一种历史的产物，它在不同的时代具有完全不同的形式，同时具有完全不同的内容”。本书选编近20年来我对中国经济问题的有关思考。受限于知识水平的不足和时代的局限，部分文章现在看来难免不乏肤浅之处，或许还存在不少缺点和错误。但是，我学术研究的心境始终如一，希望同行予以批评指正。

本书分为上下两部分，上部分主要着眼于经济理论探讨，对我国宏观经济运行当中面临的重大理论和现实问题予以研究分析；下部分从微观企业出发，对我国企业在改革发展创新中出现的问题进行思考。具体内容如下。

宏观篇：经济理论探索。主要涵盖四个方面：第一，是重大理论问题研究。这一部分涉及我国基本经济制度和重要经济政策，如何理解并在实际工作中运用，是我们需要回答的根本问题。第二，是经济形势分析。这一部分主要是对不同时期国内外经济形势的分析和判断，并提出相应的政策建议。第三，是收入分配初探。作为经济活动四大环节（生产、交换、分配、消费）之一，过大的收入分配差距可能会影响我国改革开放进程，值得关注。第四，是金融问题思考。这一部分主要关注我国金融市场情况，重点关注汇率、股市、债券等几个市场对经济发展的综合作用。

微观篇：企业改革思考。主要包括以下四个方面：第一，是国企改革探讨。国有企业改革伴随着我国整个改革开放过程，不仅仅关系到国有资本保值增值问题，更是我国在实践当中对政府与市场关系不断探索完善的经验总结。第二，是企业运行策略。这一部分主要是对我国社会主义市场经济环境下企业成长中涉及的，诸如企业家能力、集团协作等问题进行讨论。第三，是非公企业简析。民营企业作为我国市场经济中不可或缺的部分，对国家经济发展贡献越来越大，有必要在经济理论和社会发展进程中对其理解和把握。第四，是企业发展调查。在2008年全球金融危机爆发之际，企业发展关乎经济安全，为此本书对中国500强企业发展状况进行了调查研究。

这是一本专题研究性质的学术著作，书中有些文章已经公开发表，还有一些没有公开发表。需要说明的是，为了统一体例，有关论文的摘要、关键词、参考文献以及脚注等内容，在本书中全部删除，感兴趣的读者可以查阅论文原文。

本书在出版过程中得到有关领导、专家、学者和广大朋友的大力支持，在此表示衷心感谢！

顾保国

2018年5月于北京沙滩大院

目 录

宏观篇　经济理论探索

微观篇 企业改革创新

1

宏观篇

经济理论探索

党的十一届三中全会拉开了我国改革开放的序幕，从农村到城市，从试点到推广，从经济体制改革到全面深化改革，40年风雨兼程，中国人民用双手书写了国家和民族发展的壮丽史诗。时至今日，我国国民生产总值排名世界第二，钢铁、造船、家电等产品产量排名世界第一，人均可支配收入已经达到8000美元以上，我们正在为实现“两个一百年”奋斗目标不懈努力。马克思主义理论在中国不断发展，中国特色宏观经济理论研究不断丰富，理论创造、学术繁荣为学者们提供了强大动力和广阔空间。

第一章
重大理论问题研究

我国社会主义基本经济制度具有强大生命力

习近平总书记在庆祝中国共产党成立 95 周年大会上指出："中国特色社会主义制度是当代中国发展进步的根本制度保障，是具有鲜明中国特色、明显制度优势、强大自我完善能力的先进制度。"改革开放 40 年的伟大实践表明，作为中国特色社会主义制度重要组成部分的基本经济制度适合我国国情，社会主义市场经济体制具有强大的生命力。虽然我国仍处在工业化进程当中，某些方面还存在不足，但是搞新自由主义无异于"饮鸩止渴"，我们必须对此保持清醒的认识并旗帜鲜明地加以反对。

一、新自由主义是"鸩酒"，绝非救世良方

新自由主义起源于 20 世纪 30 年代，以立场保守、政策极端右倾为主要特征，在当时并不为社会与学界所认可。20 世纪 70 年代后期，西

方发达国家普遍陷入“滞胀危机”，凯恩斯主义政策失效，包括货币学派、供给学派、理性预期学派在内的新自由主义经济政策，被英国撒切尔政府、美国里根政府予以采纳，因此声名大噪。后来，“华盛顿共识”的提出更是使新自由主义风靡全球，世界上几乎所有国家都受其影响，俨然成为经济学界的一种主流声音。但是，从一些国家和地区的实践中能发现，新自由主义给世界带来的更多的是恶果。

大部分发达资本主义国家，在推行新自由主义政策后，劳资双方的力量对比出现了对资本家有利的变化，贫富差距不断拉大。一方面，中低阶层的收入上涨缓慢；另一方面，资本所有者和管理者收入剧增。据统计，2013 年，美国收入最低的 20% 的家庭，平均收入只有 11500 美元，而收入最高的 20% 的家庭，平均收入达到 19 万美元。其中，收入最高的 5% 的家庭，平均收入将近 34 万美元。与 1984 年相比较，富裕程度在前 20% 家庭收入增长了 89%，其余 80% 家庭的实际收入并没有增长，而最富有的 10% 家庭收入增长了 116%，最富有的 5% 家庭收入增长了 146%，最富有的 1% 家庭收入增长了 241%，难怪在“占领华尔街”运动中，人们打出了“1%VS99%”的标语。英国、日本、法国等也有着类似的情况发生。根据国际慈善机构乐施会于 2015 年初发布的研究报告《财富：拥有全部，想要更多》显示，全球最富有的 1% 人口的财富，在全球财富份额中所占比例越来越高，由 2009 年的 44% 增至 2014 年的 48%，预计 2016 年将超过 50%。富人越来越富，穷人越来越穷，贫富不均等程度严重恶化，经济增长缓慢。

苏联和东欧国家在转型过程中同样采纳了新自由主义政策，结果导致经济社会发展严重倒退。根据联合国儿童基金会提供的数据，截至

2003 年，在 26 个原属于苏联阵营的东欧国家中，19 个国家的 GDP（国内生产总值）水平仍没有恢复到 1990 年的水平。直到 2007 年，摩尔多瓦、格鲁吉亚的 GDP 才恢复到 1990 年各自水平的 51% 和 66%。俄罗斯在实施“休克疗法”以后经历了大规模的去工业化，无论是重工业还是轻工业，都受到巨大破坏，从一个世界工业大国蜕变为依赖油气出口的资源型经济体。经济崩溃和贫富差距迅速扩大不仅给苏联和东欧国家带来巨大的经济灾难，而且还带来严重的人口灾难，许多国家都出现了人均预期寿命下降的情况。所谓的“转型”带来的萧条比 20 世纪 30 年代美国的“大萧条”的后果更为严重，其给原苏东地区国家经济社会发展所造成的负面影响不亚于经受了一次世界大战。

拉丁美洲自 20 世纪 70 年代开始进行新自由主义改革，但是经济却出现持续衰退。20 世纪 90 年代后频繁爆发的经济危机宣告了这些改革的失败，拉美国家为此付出了沉重代价。拉美国家在 1982 年以后出现了经济持续衰退情况，直至 1990 年底才恢复增长趋势，但是，1991—2000 年 GDP 年均 1.2% 的增长率，与 20 世纪六七十年代的 5.5% 的水平相差较大，更远低于同期东亚国家年均 6.5%～7.5% 的增长水平。其中国有企业私有化使部分政界商界精英一夜暴富，而普通民众却一贫如洗。2004 年，贫困人口已占拉美国家总人口的 43.9%，社会矛盾激化，拉美国家接连发生罢工、民众暴动和军人政变，社会动荡不断，现代化进程被迫中断或延缓。

纵观过去几十年的世界发展历程，新自由主义绝对不是如其所描述的“救世良方”。相反，新自由主义的泛滥使得许多国家陷入经济停滞和衰退、社会分裂或动荡，人民生活水平明显下降的困境之中。它进一步激化了各国的经济社会矛盾，是造成本轮世界金融危机发生的深层原因。新自由主义及其完成形态“华盛顿共识”之所以给世界带来如此严重的危害和影响，核心在于其人性自私论、私有制永恒论和市场万能论的理论基石，是建立在历史唯心主义基础之上的，具有虚伪性和欺骗性。

二、必须时刻警惕新自由主义在中国的不良影响

在社会主义中国，也不乏奉行市场原教旨主义的新自由主义信徒。一些学者既没有立足于马克思主义的基本立场，也没有科学理性地思考当代中国国情和社会主义现代化实践经验，更没有基于实际对新自由主义学派，以及“撒切尔主义”“里根经济学”和“华盛顿共识”政策实施后果进行正确评析，而是不加研判地向国内读者积极推荐，全盘肯定。这造成了新自由主义在一定范围内的泛滥，对许多人尤其是对青年学生产生了消极影响。

新自由主义的危害是巨大的。一方面，鼓吹“市场万能论”，宣称我国政府的宏观调控扼杀了市场效率和活力。他们鼓吹市场自由，否定国家干预，认为任何形式的国家干预都只能造成经济效益的损失，片面地把国家干预看作造成经济不稳定的主要根源，强调各行各业都用市场配置资源，甚至要求教育、医疗和一切公益事业也要市场化、商品化。另一方面，反对公有制，大肆攻击国有企业，称我国国有企业是“国家垄断”，效率低下，破坏了市场经济秩序，是未来中国成长的障碍，认为只有“全面私有化”，中国的经济才能搞好，提出所谓“国退民进”等主张。这导致 20 世纪 90 年代后期，许多地方掀起国企改革私有化浪潮，造成国有资产流失严重，并引发一系列社会问题。这些论调和政策

主张，实质是要改变我国的社会主义制度和基本经济制度，削弱党的领导，破坏党和政府对国民经济命脉的领导和控制。面对新自由主义思潮对我国改革开放事业带来的严重干扰，邓小平同志曾一针见血地指出："一旦中国全盘西化，搞资本主义，四个现代化肯定实现不了。中国要解决十亿人的贫困问题，十亿人的发展问题。如果搞资本主义，可能有少数人富裕起来，但大量的人会长期处于贫困状态，中国就会发生闹革命的问题。中国搞现代化，只能靠社会主义，不能靠资本主义。"（《邓小平文选》第三卷，人民出版社 1993 年版，第 229 页）正如习近平总书记所言："我们要建设的是中国特色社会主义，而不是其他什么主义。历史没有终结，也不可能被终结。中国特色社会主义是不是好，要看事实，要看中国人民的判断，而不是看那些戴着有色眼镜的人的主观臆断。中国共产党人和中国人民完全有信心为人类对更好社会制度的探索提供中国方案。"

三、我国社会主义基本经济制度适合国情，具有强大生命力

新中国成立以来，我国政府通过对农业、手工业和资本主义工商业进行大规模的社会主义改造，建立了以公有制为基础的社会主义制度。20 世纪 70 年代末，在吸取历史和国际两方面的经验与教训的基础上，我国积极实行改革开放政策，在发展过程中建立了社会主义市场经济体制，将社会主义基本制度与市场经济体制相结合，二者相互促进，丰富了社会主义基本制度内涵，使其焕发新的生机，既发挥了市场经济的诸多优点，又体现了社会主义基本制度的要求。

我们还确立了以公有制为主体、多种所有制经济共同发展的基本经

济制度，既搞活了公有制经济，又促进了多种所有制经济共同发展。公有制的主体地位保证了市场经济的社会主义性质，有利于经济的持续稳定协调发展和实现人民共同富裕。多种所有制经济的共同发展有利于发挥各种生产要素的作用，调动各方面的积极性。可以说，社会主义初级阶段基本经济制度的确立，为中国特色社会主义的发展奠定了坚实的基础。中国今天之所以能够拥有这样比较雄厚的综合国力和重要的国际地位，能够在激烈的国际竞争中持续稳步发展，都是与这个基本经济制度密不可分的。

必须强调，中国改革开放以来形成的社会主义市场经济体制是与发达资本主义国家的市场经济体制有着本质区别的，也不同于其他发展中国家所实行的转轨经济政策。我国的社会主义市场经济是以市场在资源配置中起决定性作用为基础和更好发挥政府作用的市场经济。中国经济有明确的发展目标，将中长期规划与市场自由竞争相结合，充分调动中央和地方两个积极性，以实现控制总量与产业结构的平衡。如果将中国与世界其他国家对比，可以发现，强有力的国家干预是发展中国家实现对发达国家的现代化赶超过程中不可或缺的因素，更是社会主义制度的主要特征，走所谓“大市场、小政府”和国家管得“越少越好”的自由主义道路是根本行不通的。

改革开放以来，经过不懈努力，我国成功实现了从高度集中的计划经济体制到充满活力的社会主义市场经济体制的历史转折，推动了经济持续快速发展、人民生活水平不断提高和综合国力大幅提升。“中国经验”“中国道路”日益受到全世界广泛关注和普遍承认。

四、坚持和完善我国社会主义基本经济制度，实现中华民族伟大复兴中国梦

习近平总书记指出：“改革必须坚持正确方向：既不走封闭僵化的老路、也不走改旗易帜的邪路。”公有制经济是社会主义基本经济制度和社会主义市场经济的根基，市场经济作为资源配置的一种方式，在不同的社会制度下具有不同的性质和特点。我国的经济体制改革之所以独树一帜、成就斐然，最根本的原因就在于我们找到了适合自己发展的道路，并且对这条路坚定不移。所以，坚持和完善我国社会主义的基本经济制度事关中国特色社会主义前途命运。在这个问题上，我们必须始终保持清醒头脑，不能为“新自由主义”的错误观点所左右。

当前我国经济发展进入新常态，在这场广泛而深刻的经济变革中，完善社会主义市场经济体制，妥善处理好政府与市场之间的关系，充分发挥好政府和市场“两只手”作用显得尤为关键。历史经验告诉我们，政府与市场都具有配置资源和调节利益关系的功能，它们之间的关系是辩证统一的。政府对市场管得过多，就会抑制企业的活力，妨碍市场机制作用的发挥，阻碍经济发展和效率的提高。但是，单纯的市场调节也存在盲目性、自发性和滞后性，以及经济危机、贫富分化、生态遭到破坏等严重弊病。因此，政府与市场作为现代社会经济中的两种重要调控力量，都是不可缺少的，既不能一味夸大市场功能，减弱政府职能，也不能一味夸大政府的作用，压制市场的活力。只有当市场与政府两种力量有机结合，协调互补，才能扬长避短。

正确处理政府与市场的关系还必须充分考虑到我国的国家性质和发

展阶段。我国是一个以公有制为主体的社会主义国家，社会主义的本质，是解放和发展生产力，实现人民共同富裕，满足人民日益增长的美好生活需要。社会主义的本质要求我们必须依靠国家和政府的宏观调控的作用，最大限度地满足社会的共同利益，协调各方利益关系，广泛凝聚发展共识，保证国民经济全面协调可持续发展。此外，作为一个发展中国家，我国既面临着经济结构调整和转型升级的紧迫任务，又必须妥善应对经济发展不平衡、市场体系不健全、资源环境恶化等长期问题，在这样的国情下发展市场经济，政府必须更好发挥作用。

总之，只要坚持社会主义市场经济的改革方向，把社会主义基本制度与市场机制更好地结合起来，以忠诚担当的实干精神直面改革发展进程中的难题，我国社会主义的基本经济制度必将日益完善。

（本文原载于《红旗文稿》2016 年第 23 期）

认真领悟高质量　推动经济大发展

2018年国务院政府工作报告指出："按照高质量发展的要求，统筹推进'五位一体'总体布局和协调推进'四个全面'战略布局，坚持以供给侧结构性改革为主线，统筹推进稳增长、促改革、调结构、惠民生、防风险各项工作。"这是首次提出的新表述，表明中国经济由高速增长阶段转向高质量发展阶段。深刻理解高质量发展的含义是我们开展下一步经济建设工作的重要前提。

一、深入领会，把握高质量发展深刻内涵

高质量发展概念主要是针对过去一段时间的经济发展方式而提出的。在改革开放发展过程中，我们更多依靠"粗放的要素投入"生产方式，采用"让一部分人先富起来"策略，承担着"过度负债"的风险。与此不同，未来高质量发展必然是要放弃以往对以上几点的单方面过度强调，转向考虑更加周全的发展方式。其含义应主要包括以下三点。

以科学技术创新推动经济增长

宏观经济保持稳定的增长是社会经济发展的根本前提。我国过去长时间经济发展靠的是自然资源与劳动力的投入，更多地在模仿与学习发达国家淘汰的生产技术。当然，对后起国家而言，选择改革开放，并且向西方发达国家学习发展路径的道路既是必需的，也是成绩斐然的。但是在经历了高速经济增长后，我国人口结构、地区资源分布、基础设施建设等方面都出现了较大变化，依赖传统经济发展路径无法完成我国长期目标。科学技术是第一生产力，创新又是科学发展的关键所在，所以高质量发展的重要前提就是要让不断创新的科学技术在经济发展中发挥更大的作用，变“粗放”的外延式发展为“集约”的内涵式发展。即便是在经济增长速度绝对值上有所下降，劳动生产率与全要素生产率的提升，也将会给中国经济带来更加长久、稳定的美好前景。

国民收入分配格局趋于共同富裕

当前我国收入分配的主要问题，一方面，在初次分配中，资本报酬明显高于其他要素；另一方面，财政收入与国内生产总值之比过大。对于前者，资本相对稀缺是我国过去经济要素结构的重要特征，决定了资本的要素报酬明显高于劳动、土地等生产必备要素，进而导致了收入分配情况的不断恶化。这是地区收入差距和城乡收入差距过大的直接原因。“高储蓄、高投资”的特点使我国资本存量已经积累到相当规模，稀缺程度下降，在库兹涅佐曲线规律下会使得收入分配情况合理。对于后者，由于国民经济发展需要大量基础设施，私人部门投资意愿较低，政府有形之手必须进行合理的“干预”。但是在建设与运营过程中，出现效率低下、回报期长等问题。这些都需要政府创新参与经济模式，积极拓展

BOT（建设—经营—转让）、PPP（政府和社会资本合作）以及政府引导产业基金模式。

理顺实体经济与虚拟经济的关系

地方政府“财权”与“事权”的不匹配，是造成我国当前经济体“杠杆率”偏高的根本原因。金融市场的逐利性使其更加注重政府相关业务，而忽视了可以承载大部分就业和更容易出现创新的中小企业。金融有脱实向虚的风险。次贷危机发生以前，美国过分重视虚拟经济，忽视信贷周期规律和杠杆率水平的极限，导致虚拟经济的价值被无限放大，而实体经济却逐步萎缩。危机爆发后，世界各国开始反思，一致认为由经济政策引发的实体经济“空心化”是造成金融危机的根本原因。促进高质量的经济发展，就是要畅通供需匹配的渠道，畅通金融服务实体经济的渠道，尤其应该着重关注具备创新潜力的中小企业。逐步缓解经济运行当中存在的金融和实体经济失衡问题，确保经济平稳可持续运行。

二、凝聚共识，领悟高质量发展的深层原因

经济的运行如同机器，有着客观规律。既受到内部零件之间运转契合度的影响，也受到外部环境变化的影响。当前我国经济运行面临着复杂的国际国内、政治经济环境，经济学原理对原有的经济发展方式提出了转变要求，亟须转变。

高质量发展是事物发展规律的客观要求

马克思主义基本原理告诉我们，事物发展遵循量变积累到一定程度发生质变的转化，然后进入下一阶段的量变积累的规律。经济发展规律也不例外，考察经济发展较为成功的国家案例，可以发现，这些国家都

经历了从“粗放”的规模扩张到“集约”的高附加值增长。据世界银行研究，1960 年，在全球 101 个中等收入经济体中，只有 13 个进入高收入国家行列，其余的都长期在中等收入阶段徘徊，基本原因就是没有实现上述根本性转变。也就是说，只有在量变积累到关键时候，抓住机会实现质变的国家，才跳出了中等收入陷阱，才能实现现代化，进入高收入经济体。我国经济发展正处在这样一个转折点，高质量发展是我国迈向发达国家行列的必经之路。

高质量发展是政治经济学新时代重大课题

党的十九大报告指出，中国特色社会主义进入新时代，我国社会主要矛盾已经转化为人民日益增长的美好生活需要和不平衡不充分的发展之间的矛盾。不平衡不充分日益突出显然是建立在总需求基本满足的基础之上，这说明我国经济总体上已经能够满足人民的物质文化生活需要。追求总量供给与需求之间的匹配，是上一阶段矛盾的关键所在，但是在已经完成这个目标的时候，仍然继续以往的发展模式就是发展质量不高的一种表现，此时若再追求高增长，反而会加剧这种不平衡性。正确认识我国社会主要矛盾的转化，才能更好实现人民当前和长远利益。

高质量发展是应对世界经济格局重塑

2008 年美国次贷危机引起的“萧条”已经持续十年，长期的经济停滞，使人们不断反思过往的发展模式，这也是事物发展往复运动规律的体现，甚至导致一些非主流价值观粉墨登场。以英美为代表的“逆全球化”倾向逐渐显现，持续发酵。理性地看，把自动化造成的失业归因于全球化是不公平的，大幅征收关税将令相关商品进口价格提高，从而增加消费者的负担和企业的生产成本。但是特朗普政府仍然以“美国优先”

政策为由，发难中国制造业，使中美贸易摩擦不断升级。我国长期以来出口战略导向使我国受其他国家经济政策掣肘严重，需要挖掘内需，让消费成为本国经济发展的需求来源。

三、齐心协力，打造可持续高质量发展经济体

坚持在社会主义制度下发展市场经济，不断理顺政府和市场的关系是中国取得改革开放巨大成绩的宝贵经验。未来我国欲打造具备高质量发展的经济体，关键仍然在于如何进一步理顺政府在经济发展中与市场的关系。

深化政府与市场关系改革

政府和市场关系居于深化经济体制改革系统工程的核心位置。党的十一届三中全会之后，我们党开始探索把计划和市场有机结合起来的体制机制。党的十四大提出我国经济体制改革的目标是建立社会主义市场经济体制，使市场在国家宏观调控下对资源配置起基础性作用。党的十八届三中全会提出，要使市场在资源配置中起决定性作用和更好发挥政府作用。三次关于政府和市场关系的重大论述，既体现出党和国家对经济发展规律认识的进一步加深，也为接下来的经济飞速发展提供了理论基础。理顺政府与市场关系是解决发展不平衡不充分问题的关键，是推动高质量发展的关键所在。

让市场成为配置资源的主体

理论和实践都证明，市场是配置资源最有效率的形式。市场能够有效矫正供求失衡，从而形成社会劳动在各个生产部门按比例合理分配的长期趋势。市场决定资源配置是市场经济的一般规律，是价值规律发挥

作用的基本要求。企业是市场配置资源的主体，生产什么、生产多少、怎样生产和为谁生产由企业根据市场需要自主决定；价格机制是市场配置资源的核心，价格形成机制以市场竞争为主，使价格充分反映资源的供求状况；市场体系是市场配置资源的基础，现代市场体系让企业自主经营、公平竞争。为了保持市场配置资源的决定性地位，要利用稳定资本预期、加强产权保护、打破垄断、放宽市场准入等措施，用实际行动引导促进民间投资有序增长。

大力发展政府引导基金

高质量发展需要依靠创新作为经济发展动力，创新型企业的高风险性及其对社会经济的正外部性，使其融资过程常常由于市场失灵，需要政府支持才能完成。政府引导产业基金的发展模式在欧美国家、以色列等有着较为成功的案例。合理平衡政府出资人与社会管理者身份，既可避免过多的行政干预，又避免了政府失灵。一方面发挥政府资金对社会资本的带动作用和放大投资的乘数效应，加快补短板项目等建设；另一方面可以使政府跳出一味给予企业优惠拼政策的怪圈。这种方式同时满足了市场配置资源的决定性地位，又兼顾了地方发展地区经济的战略要求，应该进行大力推广。

贯彻五大发展理念　推动经济社会新发展

2015年7月20日，中共中央政治局召开会议明确，“新常态”下需要新的发展理念，发挥先导作用。会议强调，“十三五”时期我国发展的环境、条件、任务、要求等都发生了新的变化。认识新常态、适应新常态、引领新常态，保持经济社会持续健康发展，必须有新理念、新思路、新举措。发展理念是发展行动的先导，是发展思路、发展方向、发展着力点的集中体现。

一、五大发展理念提出的背景和意义

党的十八届五中全会审议通过了《中共中央关于制定国民经济和社会发展第十三个五年规划的建议》(以下简称《建议》)，《建议》始终贯穿“坚持创新发展、协调发展、绿色发展、开放发展、共享发展”这五大发展理念。五大发展理念以保障实现全面建成小康社会的目标，其重大意义正如全会所指出的，这是关系我国发展全局的一场深刻变革，影响将十分深远。实现“十三五”时期发展目标，破解发展难题，厚植发展优势，必须牢固树立并切实贯彻创新、协调、绿色、开放、共享的发展理念，这五大发展理念实际上不仅是以习近平同志为核心的党中央治国理政新思想在发展理念上的集中体现和高度概括，也是在深刻总结中国特色社会主义建设实践基础上，对中国特色社会主义发展理论内涵的完善和提升。

五大发展理念的提出，与当今国内经济社会发展、国际政治经济形势的复杂情况是密不可分的，五大发展理念是科学理念和价值理念的完美统一，具有强烈的时代性和现实性，更是为我国未来的发展道路指明了方向。

从国内看，中国经济社会的发展遇到很多阻碍。中国持续高速发展，实际上更多的是粗放式的发展，而这种发展模式越来越显得不可持续，在后续动力上明显不足。虽然我们曾提出要以“全面改革”来打破当下这种僵局，但是实际上改革也进入了“深水区”，攻坚克难非常不容易，推进速度较慢，所以更加迫切需要新的发展理念来统筹兼顾，全方位推进改革。

从国际看，国际政治经济形势急速变化，出现深度调整。一方面，中国在全球经济中的地位和影响力提升，令中国对全球发展格局有着重大影响；另一方面，全球格局的新变化更全面地制约中国的发展。所以，五大发展理念就是要“坚持立足国内和全球视野相统筹，既以新理念新思路新举措主动适应和积极引领经济发展新常态，又从全球经济联系中进行谋划”。从这个角度来看，五大发展理念每项都对应着全球格局的变化，“十三五”规划可谓是个国际化的“五年计划”。

五大发展理念是发展行动的先导，具有重大战略意义。发展理念对头不对头，从根本上决定着发展的成效乃至成败。五大发展理念是社会主义核心价值观在发展问题上的具体体现，应把其放到“四个全面”战略布局中思考和实践，以充分体现其科学指南和价值引领的重要作用。五大发展理念是关系到我国发展全局的一场深刻变革，攸关“十三五”时期乃至更长时期我国发展思路、发展方式和发展着力点，是我们党认识把握发展规律的再深化和新飞跃，丰富发展了中国特色社会主义理论宝库，成为全面建成小康社会的行动指南、实现“两个一百年”奋斗目标的思想指引。

在2016年全国两会上，五大发展理念不仅成了人大代表、政协委员们关注的焦点，也成了各大媒体争相报道的热点话题。五大发展理念是一个有机的整体，创新是发展的基点，协调是发展的节奏，绿色是发展的底色，开放是发展的格局，共享是发展的目标。五大发展理念是对发展理念的重大突破和提升，同时也是发展的重要指导思想。五大发展理念是符合中国国情的指导思想，也是指导“十三五”时期最重要的方针。

二、五大发展理念基本内涵和彼此之间关系

习近平总书记在党的十八届五中全会上强调：“发展理念是发展行动的先导，是管全局、管根本、管方向、管长远的东西，是发展思路、发展方向、发展着力点的集中体现。发展理念搞对了，目标任务就好定了，政策举措也就跟着好定了。”五大发展理念的提出，直击当前我国在发展中所遇到的问题，是一套漂亮的组合拳，多管齐下，内外兼修。

创新发展——着力提高发展质量和效益

《建议》提出，创新是引领发展的第一动力。必须把创新摆在国家发展全局的核心位置，不断推进理论创新、制度创新、科技创新、文化创新等各方面创新，让创新贯穿党和国家一切工作，让创新在全社会蔚然成风。作为五大发展理念之首，创新成为2016年两会上的高频词。习近平总书记在参加上海代表团审议时就强调“保持锐意创新的勇气、敢为人先的锐气、蓬勃向上的朝气。”李克强总理在2016政府工作报告中59次提到“创新”一词，是出现在前两年报告中的数量之和。面对竞争日趋激烈的国际形势，创新要着重在新动力、新空间、创新驱动发展战略、农业、产业新体系、新体制、宏观调控方式等七个方面持续发力，不仅要革新原有的“三驾马车”的经济拉动，还要拓展新的动力空间，加快发展网络经济空间，增强经济的内生动力。在五大发展理念中，创新发展理念是方向，是钥匙，是本质。创新始终是推动一个国家、一个民族向前发展的重要力量。抓创新就是抓发展，谋创新就是谋未来。

协调发展——着力形成平衡发展结构

《建议》提出，必须牢牢把握中国特色社会主义事业总体布局，正确处理发展中的重大关系，重点促进城乡区域协调发展，促进经济社会协调发展，促进新型工业化、信息化、城镇化、农业现代化同步发展，在增强国家硬实力的同时注重提升国家软实力，不断增强发展整体性。谋划我国“十三五”时期经济社会发展，必须在优化结构、补齐短板上取得突破性进展，着力提高发展的协调性和平衡性。发展是一个系统工程，只有加强顶层设计和总体布局，发挥各个领域、各个部门、各个地区之间的协同作用，才能实现社会整体性的进步。当今中国，处理复杂经济社会关系如同弹钢琴，统筹兼顾各方面发展如同指挥乐队，只有协调，才能奏响中华民族伟大复兴的华美乐章。协调发展理念是对马克思主义关于协调发展理论的创造性运用，是我们党对经济社会发展规律认识的深化和升华，为理顺发展关系、拓展发展空间、提升发展效能提供了根本遵循。历史必将证明，把握好“五位一体”总体布局，贯彻落实“四个全面”战略布局，做到协调发展，我国发展之路就会越走越宽广。

绿色发展——着力改善生态环境

《建议》强调，必须坚持节约资源和保护环境的基本国策，坚持可持续发展，坚定走生产发展、生活富裕、生态良好的文明发展道路。加快建设资源节约型、环境友好型社会，使“望得见山、看得见水、记得住乡愁”的日子不再遥远。绿色是生命的象征、大自然的底色。今天，绿色更代表了美好生活的希望、人民群众的期盼。民有所呼，党有所应。绿色发展是发展的基本特征，实施绿色发展要求促进人与自然和谐共生，构建科学合理的城市化格局、农业发展格局、生态安全格局、自然岸线格局，推动建立绿色低碳循环发展产业体系，使生产绿色化、生活绿色化、环境绿色化、制度绿色化。绿色发展理念将指引我们更好地实现人民富裕、国家富强、中国美丽、人与自然和谐共处，实现中华民族永续发展。

开放发展——着力实现合作共赢

《建议》提出，开放是国家繁荣发展的必由之路。必须发展更高层次的开放型经济，积极参与全球经济治理和公共产品供给，提高我国在全球经济治理中的制度性话语权，构建广泛的利益共同体。历经不懈努力，中国开放型经济的发展成就有目共睹。今天中国已经成为全球最大货物贸易国、最大外汇储备国，吸引外资和对外投资也居世界前列。

共享发展——着力增进人民福祉

“十二五”以来，党和政府高度重视民生保障力度，教育、医疗、卫生、养老等各项事业稳步推进，我国人民生活总体上达到小康水平。但也要看到，现在达到的小康还是低水平的、不全面的、发展很不平衡的小康，尚有相当数量的城乡贫困人口和低收入人群，包括就业、收入分配、社会保障、就医看病、子女上学、生态环境保护、安全生产、公共服务、社会治安在内的一些关系群众切身利益的问题亟待研究解决。所以，《建议》提出，必须坚持发展为了人民、发展依靠人民、发展成果由人民共享，做出更有效的制度安排，使全体人民在共建共享发展中有更多获得感，增强发展动力，增进人民团结，朝着共同富裕方向稳步前进。

五大发展理念是具有内在联系的集合体，体现着辩证思维和统筹兼顾的科学方法论。创新、协调、绿色、开放、共享的发展理念，相互贯通、相互促进，有着深刻的内在联系。这五大发展理念，主题主旨相通、目标指向一致，统一于“四个全面”战略布局和“五位一体”总体布局中，统一于坚持和发展中国特色社会主义的实践中，统一于实现“两个一百年”奋斗目标、实现中华民族伟大复兴中国梦的历史进程中。这五大发展理念，既各有侧重又相互支撑，共同构成了一个开辟未来发展前景的顶层设计，构成了一个系统化的逻辑体系。把握好五大发展理念，要树立全面系统的思维，掌握科学统筹的方法，一起用力贯彻落实，不能顾此失彼，也不能相互替代。

五大发展理念坚持人民主体地位、回应人民群众需求，体现了社会的全面进步、人的全面发展的总价值目标，是对中国经验和中国实践的高度概括，是中国理论的重要组成部分。

三、贯彻五大发展理念，推动“十三五”时期经济社会发展

我国“十二五”规划着重提出的“五个坚持”是坚持经济结构调整，坚持科技进步和创新，坚持保障和改善民生，坚持建设资源节约型、环境友好型社会，坚持改革开放。而中央提出的五大发展理念，与“十二五”时期的“五个坚持”是一脉相承的，是中华民族伟大复兴理念的深化与提高。

贯彻创新发展理念，为发展提供新动力。面对竞争日趋激烈的国际形势，创新要着重在新动力、新空间、创新驱动发展战略、农业、产业新体系、新体制、宏观调控方式等七个方面持续发力，不仅要革新原有的“三驾马车”的经济拉动，还要拓展新的动力空间，加快发展网络经济空间，增强经济的内生动力。马克思主义政治经济学认为，人是社会生产力中的能动因素，具有主观能动性，主导生产力的其他方面，所以，创新发展的主体也必须是人。中国是世界上的人口大国，人力资源丰富，要牢固树立人才引领创新的理念，最大限度地释放人才红利，真正落实“人人参与、人尽其才”的发展理念。

大众创业、万众创新是培育发展新动力的源泉，是走创新驱动发展道路的必然选择。“双创”可以释放新需求，创造新供给，推动新技术、新产业、新业态蓬勃发展。而只有建立健全教育体系和“双创”扶持政策体系，为创新提供土壤，培养环境，才能在创新实践中发现人才、在创新活动中培养人才、在创新事业中凝聚人才。这样，才能建立一支规模宏大、素质优良、结构合理、勇于创新的高水平创新人才队伍，为创

新发展提供源源不竭的动力。

贯彻协调发展理念，使发展更加均衡。必须牢牢把握中国特色社会主义事业总体布局，正确处理发展中的重大关系，重点促进城乡区域协调发展，促进经济社会协调发展，促进新型工业化、信息化、城镇化、农业现代化同步发展，在增强国家硬实力的同时注重提升国家软实力，不断增强发展整体性。谋划我国“十三五”时期经济社会发展，必须在优化结构、补齐短板上取得突破性进展，着力提高发展的协调性和平衡性。协调发展在过去社会主义建设过程中一直被强调，而将其放在创新发展之后的第二位，是把这一理念放在了更高的角度、更大的社会主义布局的角度来看，对国家经济社会发展关系的调整有重大影响。

经济基础决定上层建筑，如果说在经济发展水平落后的情况下，应当更多强调发展速度，那么在一段时间的高速增长、经济发展达到一定水平之后，就要注意调整关系，注重发展的整体效能，否则“木桶效应”就会愈加显现，一系列社会矛盾不断加深。未来的发展一定要着力补齐短板、缩小差距，努力形成各区域各领域欣欣向荣、全面发展的美好景象。要重点促进城乡协调发展，缩小城乡差距，努力形成以多个特大城市为核心，周围均衡发展的局面；促进区域协调发展，缩小中西部、东北老工业基地与东部发达地区的差距；促进第一、第二、第三产业协调发展，努力提高农业科技化水平，增加农业收入；促进物质文明、精神文明协调发展，努力建设更加富强、更加民主、更加法治、更加和谐的社会环境。

贯彻绿色发展理念，还人民美好生态。当前，社会发展与环境承载能力矛盾加剧，雾霾、水污染、沙尘暴等恶劣天气频繁侵扰人们生活，人怎样与自然和谐共处是人类发展必须研究的重大课题。坚持绿色发展，不仅是解决我国实际困难的权宜之计，更是对全世界的贡献。“十三五”规划建议，首次把绿色发展作为五大发展理念之一，这与党的十八大将生态文明纳入“五位一体”总体布局一脉相承。绿色发展是遵循自然规律的可持续发展，也是实现生态文明的根本途径。

所以，《建议》强调，必须坚持节约资源和保护环境的基本国策，坚持可持续发展，坚定走生产发展、生活富裕、生态良好的文明发展道路。加快建设资源节约型、环境友好型社会，使“望得见山、看得见水、记得住乡愁”的日子不再遥远。同时，《建议》提出，支持绿色清洁生产，推进传统制造业绿色改造，推动建立绿色低碳循环发展产业体系，鼓励企业工艺技术装备更新改造。发展绿色金融，建立绿色发展基金。加大环境治理力度，以提高环境质量为核心，实行最严格的环境保护制度，深入实施大气、水、土壤污染防治行动计划，实行省以下环保机构监测监察执法垂直管理制度。筑牢生态安全屏障，坚持保护优先、自然恢复为主，实施山水林田湖生态保护和修复工程，开展大规模国土绿化行动，完善天然林保护制度，开展蓝色海湾整治行动。

贯彻开放发展理念，与世界伙伴互利共赢。如今，经济全球化背景下的大国棋局正在发生深刻变化。中国和世界经济已经形成了你中有我、我中有你的格局。必须顺应我国经济深度融入世界经济的趋势，坚持互利共赢的发展战略，实现信息、资金、技术、人才等的优势互补，不但要大胆地“引进来”，还要大胆地“走出去”。《建议》提出，开创对外开放新局面，必须丰富对外开放内涵，提高对外开放水平，协同推进战略互信、经贸合作、人文交流，努力形成深度融合的互利合作格局。完善对外开放战略布局，推进双向开放，支持沿海地区全面参与全球经济合作和竞争，培育有全球影响力的先进制造基地和经济区，提高边境经济合作区、跨境经济合作区发展水平。

“潮平两岸阔，风正一帆悬。”面对日益加速的全球化进程，中国要积极把握国际社会发展变化带来的重要战略机遇，有序扩大国内相关行业的市场准入，接纳更多高质量的外资和技术，提升国内产业体系的国际化水平。推进“一带一路”建设，推进同有关国家和地区多领域互利共赢的务实合作，推进国际产能和装备制造合作，打造陆海内外联动、东西双向开放的全面开放新格局。积极参与全球经济治理，促进国际经济秩序朝着平等公正、合作共赢的方向发展，加快实施自由贸易区战略。积极承担国际责任和义务，积极参与应对全球气候变化谈判，主动参与2030年可持续发展议程。

贯彻共享发展理念，使发展成果惠及人民。《建议》提出，按照人人参与、人人尽力、人人享有的要求，坚守底线、突出重点、完善制度、引导预期，注重机会公平，保障基本民生，实现全体人民共同迈入全面小康社会。增加公共服务供给，从解决人民最关心最直接最现实的利益问题入手，提高公共服务共建能力和共享水平。“人人共建、人人共享”将是未来经济社会发展的理想状态。为此，应当坚持共享发展的理念，让中国的发展成果惠及广大人民群众。缩小社会贫富差距，减少贫困人口，大力发展就业、住房、医疗、社保和教育等公共服务业，按照人人参与、人人尽力、人人享有的要求，坚守底线、突出重点、完善制度、引导预期，注重机会公平，保障基本民生，实现全体人民共同迈入全面小康社会，牢固地将中国社会经济发展稳定在社会主义的航向上。

五大发展理念是习近平治国理政的重大思想。我们一要扎实学习，在进一步领会五大发展理念精髓上下功夫。《建议》鲜明提出了指导“十三五”期间乃至更长时期我国经济社会发展的五大发展理念，并分别对五大发展理念进行了阐述和部署。我们应该扎实学习，深刻领会其基本要义。二要努力实践，在落实五大发展理念上下功夫。党员干部只有多深入基层、了解基层，牢牢把握五大发展理念的时代内涵，从基层抓起，从实际出发，与群众一道增强五大发展理念的思想自觉和行动自觉，才能推动其贯彻落实。

2016 年是我国进入全面建成小康社会决胜阶段的开局之年，五大发展理念将以此为起点，贯穿“十三五”乃至更长时期的发展之路。习近平总书记在 2016 年新年贺词中说：“我们要树立必胜信念、继续埋头苦干，贯彻创新、协调、绿色、开放、共享的发展理念，着力推进结构性改革，着力推进改革开放，着力促进社会公平正义，着力营造政治上的绿水青山，为全面建成小康社会决胜阶段开好局、起好步。”党中央已经为我们擘画了未来的宏伟蓝图，为我们扬帆远航指明了方向。展望未来，蓝图已经绘就，号角已经吹响，我们要不断增强政治意识、大局意识、核心意识、看齐意识，积极投身创新实践、协调实践、绿色实践、开放实践和共享实践，用自身的行动强化五大发展理念、诠释五大发展理念。

（本文原载于《中华魂》2016 年第 6 期）

创建“一带一路”建设长效推进机制

2017 年 5 月 14 日，习近平总书记在北京“一带一路”国际合作高峰论坛上指出，“一带一路”倡议顺应时代潮流，适应发展规律，符合各国人民利益，具有广阔前景。“一带一路”是以打造利益共同体、责任共同体和人类命运共同体为最终目标的倡议，而建立“一带一路”长效推进机制是“一带一路”倡议顺利实施的基本前提和重要保障。

一、创建“一带一路”建设长效推进机制意义重大

“一带一路”建设长效推进机制将推进沿线各国互相对接发展战略，促进经济要素有序自由流动、资源高效配置和市场深度融合，将给中国海外投资和企业“走出去”带来历史性机遇。“一带一路”建设长效推进机制使得中国与沿线国家的金融监管合作日益紧密，将逐步在区域内建立高效监管协调机制。

“一带一路”建设长效推进机制将与沿线各国共同打造开放、包容、

均衡、普惠的区域经济合作架构，探索国际合作及全球治理新模式。促进与沿线各国形成国际国内互动、互通、互补的跨国界大区域和次区域的新布局、产业新动力、合作发展新格局。以中国为代表的新兴经济体快速发展，成为推动国际政治经济格局调整和变革的重要力量。“一带一路”建设将再一次唤醒沿线各国对经贸文化交流的热忱，有利于共同塑造世界人民世代友好的新秩序、共同发展的新格局。将全面系统地提升所有成员，特别是发展中国家成员在全球价值链中的位置，共同营建有利于全球价值链发展的核算体系与政策环境。同时与沿线各国共同应对国际政治、经济、军事等风险，顺应国际社会对我国在国际事务中发挥更大作用的新期待。

二、创建“一带一路”建设长效推进机制面临的主要问题

无常设办事机构

目前，“一带一路”倡议合作通常由中方领导人出访或在国际会议场合以建议方式提出，并无正式、统一的官方合作机制，无永久办公室或稳定的机制安排。这导致在执行与争端处理方面，也没有明确指导原则阐明各方权利义务、利益如何分配。当出现争端时，仍倾向于以私下谈判方式、而非通过稳定机制来解决。

需要深化新型合作机制

“一带一路”建设从无到有、由点及面，进度和成果远远超出预期，与沿线国家设施联通和产能合作发展迅速，迫切需要在战略对接、规划衔接、融资安排等领域建立新型合作机制。需要有针对性地加强“一带一路”建设长效推进机制研究，强化相关体制机制保障，促进我国与沿

线国家，特别是区域战略支点国家发展战略对接和规划衔接，探索研究“一带一路”沿线自贸区谈判模板，积极打造国际化融资模式和金融风险防控机制，以确保沿线国家基础设施联通、贸易投资安排和产能合作的重大项目能够落地生根。

多边机制化合作缺乏安全保障

沿线国家地缘政治敏感复杂，对加强多边机制化合作构成较大障碍。“一带一路”涵盖了中东、东亚和东欧等三大地缘敏感地区，还有印巴等冲突热点地区。沿线国家之间存在政治、经济、文化、宗教等种种矛盾，有些矛盾由来已久、难以调和，而有些矛盾背后则存在着大国间的较量。未来较长时期，“一带一路”多边合作机制可能易受到敏感地缘政治关系的不确定性影响。安全与发展是辩证的统一，发展是安全的基础，安全是发展的条件，加强多边机制化合作的安全保障建设，才能为“一带一路”建设提供良好的安全环境。

理论研究尚显不足

“一带一路”建设长效推进机制的理论研究明显滞后于“一带一路”倡议的发展。创新“一带一路”建设长效推进机制的理论研究，要从当前实际出发，认真分析当前阶段存在的问题和挑战。在研究“一带一路”建设长效推进机制的理论时，应协调好阶段性和长期性的关系，处理好初级阶段可能出现的问题和挑战，不断创新理念及经验做法。

三、创建“一带一路”建设长效推进机制的几点思考

习近平总书记指出：“要本着互利共赢的原则同沿线国家开展合作，让沿线国家得益于我国发展。要实行包容发展，坚持各国共享机遇、共

迎挑战、共创繁荣。要做好'一带一路'总体布局，尽早确定今后几年的时间表、路线图，要有早期收获计划和领域。""一带一路"沿线国家既包括经济发达的欧洲国家，也包括充满经济活力的亚太地区和广大非洲发展中国家，覆盖人口近40亿，涉及经济总量约21万亿美元。"一带一路"倡议的提出，并且以亚投行为载体，成为带动各国经济发展的希望所在。

建立健全常设办事机构。自"一带一路"倡议的提出到亚投行的成立，地区经贸架构已经因"一带一路"发生了改变。是否有常设办事机构或稳定的行政设施已经成为影响发展"一带一路"的重要因素。长期来看，区域经济合作的可持续程度需要制度化保障，需要在重新审视地区经济发展潜力的现实基础上，灵活运用地区既有正式与非正式机制、协定，这就亟须建立健全"一带一路"常设办事机构。只有通过建立健全"一带一路"常设办事机构，不断扩大开放，创新开放型经济体制机制，全面推动经济转型升级，加大科技创新力度，才会形成参与和引领国际合作竞争的新优势。

总结现有机制的宝贵经验，不断创新机制建设。2017年，中国已经与50多个国家签署了共建"一带一路"合作协议，同20多个国家开展国际产能合作，初步形成了覆盖亚、非、欧的战略布局。不断创新机制建设，才能确保发展中国家的共同利益，加快区域经济一体化建设，使发展中国家的生产力水平与经济实力不断提升，进而提高在国际秩序中的话语权。只有通过"一带一路"建设长效推进机制的建立，才能有效与发展中国家共同参与建立国际经济新秩序，维护世界经济安全和发展。

加强多边机制化合作的安全保障。“一带一路”沿线涉及各国及地区的法律环境、社会制度、宗教信仰、文化背景都不相同，且沿线国家和地区大多属于发展中国家，一些地方的政治、安全形势依然严峻，需要不断加强与相关国家或地区磋商建立共同的投资风险防范体系。“一带一路”建设长效推进机制需要紧贴和围绕“一带一路”倡议，打通“一带一路”沿线国家通关机制，强化政府间合作交流机制，有效地进行重大规划和项目对接。

积极借鉴国际先进理念及经验做法。欧美一些国家有很多成熟的规则与合作模式，我国应该积极借鉴国际先进理念和做法，不断摸索和总结经验，并及时将这些理念转化为建设“一带一路”建设长效推进机制的新思路、新举措。

（本文原载于《学习时报》2017 年 9 月 25 日）

破除自主创新的观念瓶颈

自主创新是指主体通过自身努力，在科学技术活动中取得突破性进展，从而达到预期目的的实践活动，包括技术、管理、制度等诸多方面，其结果就是拥有自主知识产权。2006 年，我国缺乏核心技术和自主知识产权的局面，严重制约了我国经济社会发展，这种局面必须迅速加以改变。

观念是行为的先导，创新能力的拓展首先要求创新理念的突破。从主观上说，自主创新能力不强，是因为在观念上存在误区。实现自主创新，提升整个国家的创新能力，必须突破观念上的误区。在现阶段，转变创新观念，突破自主创新的观念瓶颈，才有可能制定正确的方针政策，从而抓住战略机遇期迅速发展。

一、破除技术可以引进的思想，树立创新的自力更生观念

长期以来，有人一直抱有这样的幻想，认为经济已经全球化了，可

以通过技术引进替代自主创新，来解决我国经济社会发展中的技术问题，没有必要在自主创新上下大力气，按照产业分工做好中国的制造加工，经济就能得到发展。实践反复证明，充分利用和借鉴国外先进技术必须立足于自主创新。在一定条件下，技术可以引进，但技术创新能力永远不可能通过引进而获得。改革开放以来，我们大量引进国外先进技术，这对提升产业技术水平、促进经济快速发展起到了重要的作用。可是，外资企业对华技术扩散极为微弱，我们没有得到所期待的“技术溢出”带来的效益。由此，我们可以看出，在激烈的国际竞争中，经济的全球化并不意味着核心技术可以自然地流到中国，核心技术既是市场换不来的，也是花钱买不到的。哪怕跨国公司在中国设立了研究中心，也并不是为了增强中国自主创新能力而建设的，他们只不过是利用中国的廉价人力资源而已。

在新的国际竞争格局中，科学技术的竞争态势演化成为国家发展环境中重要的不确定性因素之一。有些国家或地区在经济飞速发展阶段，适时调整发展战略和方向，加快提高自主创新能力，减少对发达国家技术、资本、市场和资源的依赖，推动了产业结构的提升，使经济发展进入新的发展阶段，成为新兴工业化国家。而有些发展中国家，由于在经济和科技上长期严重依附发达国家，缺乏自主创新能力，丧失了发展的主动权，最终导致现代化进程的停滞甚至倒退。事实告诉我们，自主创新已经成为国家的自主，是站在整个国家利益上的自主，发展中国家只有具备一定的自主创新能力，才能跟上时代的步伐，使经济迈上新的台阶。面对全方位的、日趋激烈的国际竞争，在这种形势下，作为发展中的中国，必须大力推进科技进步与创新、提高自主创新能力，以自主创新占领未来发展的战略制高点。在多年计划经济体制作用下，我国企业缺乏创新动力，习惯等待上级部门的资金搞技术改造，长此以往形成的思维定式把创新理解为纯研发项目，认为是科研院所的事，企业不应该或少参与其中，从而导致了创新主体错位。对此，我们应当重新定位，要超越传统的思维方式和模式，解放思想，进行观念创新，倡导和确立知识价值观念、人力资本观念、新的竞争观念，追求创新发展观念。企业作为市场经济的主体，也是国家创新的主体，企业中蕴藏了极大的科技自主创新潜能。我们应当确立企业技术创新和科技投入的主体地位，增强企业的研究开发能力，抓住制定国家中长期科学和技术发展规划、经济和社会发展“十一五”规划的有利时机，从战略上加强科技经济的紧密结合，真正把自主创新能力作为科技发展规划的战略主线和经济社会发展规划的战略重点，把提高自主创新能力作为结构调整的中心环节，把科技创新作为带动经济结构优化升级的关键和经济社会发展的主驱动力，实现从资源依赖型向创新驱动型的战略转变。

技术引进是提高自主创新能力的条件，而不是目的。当前，我们应当充分利用全球资源，依靠自身的创造性来努力逐步解决所面临的核心技术问题。通过提高技术引进的层次，创造一个有效的竞争环境，充分发挥拥有巨大的国内市场这一优势，积极主动地有目的地获取国外先进技术。

二、改变闭门造车的思想，树立创新的消化吸收观念

一个国家的生存和发展离不开借鉴世界先进文明的成果。进入 21 世

纪，在经济全球化进程迅速加剧的国际环境下，各国之间综合实力的竞争越来越表现为科技的竞争，技术进步已成为推动经济发展的决定性因素。我国一方面要充分集成和利用国内各种有效资源，对关系到经济命脉和国防安全的重点领域，加强自主开发与创新工作，培育核心竞争力，掌握经济发展和增强国防主动权；另一方面要发挥发展中国家的后发优势，在重视率先创新的同时，也重视延续性创新，建立全球知识通道，广泛借鉴与吸收国际新技术、新理念、新制度、新信息，在前人和别人的基础上，充分利用国际上一切可以利用的先进技术，加强引进技术的消化吸收，增加新技术含量，与国内自主开发有机结合，形成自己的核心技术，提高我们的技术起点。

自主创新不是闭门造车，自主创新一切从零开始，既不可能，也无必要。在科技迅猛发展的当今时代，发达国家技术创新资源为我国等发展中国家发挥后发优势奠定了基础，发达国家技术创新资源开发利用的经验也为我国自主开发利用技术资源提供了可资借鉴的宝贵财富。日本、韩国等国家都把引进模仿进而自主创新作为经济起飞的重要路径。事实上，任何国家的自主创新，都是在已有成果或借鉴别人的基础上进行的。对于发展中国家来说，模仿吸收是自主创新的必经阶段。在发达国家跨国公司充分利用其资本和技术优势牢牢掌握国际竞争主动权的大背景下，我国要在广泛吸收全球科学技术成果，积极引进先进技术的基础上，站在全人类优秀文明基点上，充分进行消化吸收再创新。企业应坚持先进技术引进与消化、吸收、创新相结合，建立有利于加强消化、吸收和创新的体制和机制，克服重引进、轻消化吸收甚至盲目引进的现象，充分利用境外先进技术资源，依托重大工程项目，培育自主创新能力，开发具有自主知识产权的核心基础和产品。当然，我们应该认识到引进技术只能作为提高创新能力的学习手段，目的是要在消化吸收的基础上提高自身创新能力，站在全人类优秀文明成果基点上再创造和再发展。

当然，没有一个国家可以在利用国际科技资源中“搭便车”。国际科技资源不是“摆在架子上，所有人都可以免费使用”的，事实上，公开发布的专利公报和学术论文如今越来越多，但能够将这些知识和信息加以利用并成为经济增长源泉的能力却十分稀缺。因此，为了利用国际资源，我们应当具备理解和掌握别国所创造的知识的能力，在广泛吸收全球科学成果、积极引进国外先进技术的基础上，充分进行消化吸收和再创新，处理好引进与创新的关系，加大创新力度，以引进为手段达到创新的目的，坚持先进技术引进与消化、吸收、创新相结合，实施市场开拓、技术创新和生产经营一体化的战略。

三、消除急功近利的思想，树立创新的持之以恒观念

我国许多高技术产业发展之所以难以走出“引进—落后—再引进”的怪圈，重要原因之一就是我们基础研究的积极性不够、底蕴薄弱，源头创新能力不足。基础科学研究的发展，给整个世纪人类科技文明的发展以巨大的推动，使人类从蒸汽时代走向了电气化时代，从依靠太阳能时代走向了近代原子能时代，从工业化时代走向了信息化时代。基础研究的发展不断开拓出新的技术领域，创造新的社会需求，推动着人类文明的进步。我国在过去数百年的历史中，对于前三次产业革命都失去了机遇，第四次产业革命也只是被动地随了潮流。除了体制原因外，关键

就是没有基础的科学和技术。因此，只有在基础科学研究和基础技术开发方面打牢基础，做好准备，才能有能力抓住新一轮的技术革命和产业升级的机遇。如果我们在科学和技术上短视，为了追求经济发展指标，追求利益的短期化，技术发明之后，只是止步于应用，而缺少对其中的缘由进行深入、系统探究的动力和对客观世界完全求知、求真的精神，那么将会使我们再一次丧失机遇。

2006 年，我国对基础研究的认识还有待深化，企业开展基础研究的观念也严重滞后，这不利于提高我国自主创新能力。我们应该看到，一个国家科技的强盛，必须有一个完整的国家知识创新体系，否则会不堪一击，而且将失去后劲。当今，全球科技创新、转化和产业化的速度不断加快，竞争已前移到原始创新阶段，原始创新能力作为国家的一种重要战略资源，已经成为综合国力竞争的核心，成为决定国际产业分工地位和全球经济格局的重要筹码。基础研究决定着一个民族原始创新能力，只有重视基础科学研究，才能永远保持自主创新的能力。我们要坚持有所为、有所不为的方针，抓住那些对国家经济、科技、国防、社会发展具有战略性、基础性、关键性作用的重大课题，努力把科技资源集中到事关现代化全局的战略高技术领域，集中到事关实现全面协调可持续发展的社会公益性研究领域，集中到事关科技事业自身持续发展的重要领域和基础研究领域，抓紧攻关，争取突破，努力获得更多的科学发现和重大的技术发明。

自主创新不是短期策略，而是长期国策；不是一场临时运动，而是一项战略选择；不是短期目标，而是长期过程。对于我国来说，自主创新战略对企业、产业、区域，对于整个国家都是极为重要的，把握这样的机会对于贯彻落实科学发展观、全面建设小康社会、实现中华民族的伟大复兴至关重要。

穷则变，变则通，通则久。敢于打破窠臼，勇于自主创新，才能走出新路子。

（本文原载于《党政干部论坛》2006 年第 4 期）

第二章
经济形势分析

积极应对世界经济不确定性

根据国际货币基金组织预测，2017 年世界 GDP 增长率为 3.4%。其中发达经济体 GDP 整体增长 1.8%，新兴市场与发展中经济体 GDP 整体增长 4.6%。新兴市场与发展中亚洲经济体仍然是世界上 GDP 增长最快的地区，增长率为 6.3%。总体来说，国际货币基金组织认为 2017 年的世界经济增长率会高于 2016 年。但是部分经济体经济增长率下行、金融市场脆弱性加大，反全球化趋势、美国政策调整、欧洲内部政治冲突、难民危机、英国脱欧进程、日本通货紧缩等问题，令世界经济充满了不确定性。

一、当前世界经济面临的主要挑战

世界经济复苏乏力，潜在经济增长率下降。当前，全球 GDP 增长率持续下降，表面看是世界经济整体有效需求不足，本质上却是潜在经济增长率的下降。全球经济增长缓慢主要是由劳动力要素供给下降和生产技术水平停滞共同导致。欧美国家、日本等发达国家人口老龄化趋势明显，部分新兴市场国家也开始出现婴儿出生率下降趋势。生产技术水平下降源于全球投资不足，2008 年金融危机爆发后，受融资约束、经济和政策环境不确定性以及投资壁垒的影响，各国投资，尤其是私人投资增速放缓。投资放缓不仅对短期经济增长前景产生负面影响，还会造成单位劳动使用的资本增长放慢，并影响劳动生产率的提升。短期宏观经济政策无法应对潜在增长率下降的问题，各国需要通过结构改革促进世界经济强劲增长。

国际贸易增速下降，国际直接投资稳定性不足。虽然经济增长与贸易增长互相之间存在内生关系，但是国际贸易低迷还有国际贸易体制与国际经济格局变动方面的内在原因，主要包括以下几个：第一，全球性贸易自由化带来的好处难以弥补成本，区域及双边贸易谈判方兴未艾，由于利益格局复杂，至今没有形成特别有效的协议；第二，世界经济中服务业比重不断加大，世界经济增长从制造业拉动转向服务业拉动，经济增长带来的制成品贸易比过去更少；第三，可以使全球价值链深度扩展的技术发明没有出现，中间产品加工贸易也在减少。国际直接投资是促进国际分工发展、全球经济一体化的重要力量。国际直接投资活动的低迷与三个因素有关：一是国际投资准入和开放的推进力度较慢；二是发达经济体开始重视本土制造业的发展，鼓励制造业回流；三是对避税天堂的打击以及防止税基侵蚀和利润转移的国际行动计划虽然有利于各国公平地获得跨国公司的税收，但也在一定程度上抑制了跨国投资活动。

收入和财富不平等趋于严重，阶层对立情绪蔓延。全球的收入不平等达到了非常惊人也非常危险的程度。收入不平等既存在于国与国之间，也存在于一国内部。不平等加剧不仅在部分国家内部引起越来越严重的社会分裂和冲突，同时也导致许多国际冲突。一般来说，国际贸易投资活动在一国内部总会使一部分人受益，另一部分人受损。如果一个经济体存在较好的利益补偿机制，在国际贸易和投资活动中受到损害的群体能够得到一定的补偿，则全球化的推动就会比较顺利；如果这些受损的群体得不到补偿，则他们就会反对全球化。

贸易投资低迷降低了开放带来的收益，世界经济增长乏力也减少了在开放中受到损害的人群可能获得的补偿及其他机会，并使得反全球化的力量逐渐增加。全球债务水平持续升高，金融市场风险积聚。2008 年全球金融危机爆发，为了平衡实体经济的资产负债表，各国央行向市场大量注入流动性。危机过后，各国央行继续使用扩张性的货币政策，包括量化宽松政策，来刺激经济复苏。全球低利率及部分央行的负利率已经使世界金融市场出现流动性陷阱，政策进一步加大了金融市场的脆弱性。低利率和负利率降低了商业银行的利差收入和盈利能力，从而也降低了其抵御风险的能力；同时，低风险及无风险的固定收益类资产的投资收益下降，损害债权人的利益，迫使他们转向高风险的投资，这在短期内会加大资本市场的风险，长期则会影响这些长期资产管理公司盈利稳健性。全球债务水平的持续上升和低利率及负利率政策，使各国公共部门负债累累，主权债务危机的不确定性陡然增加，随时爆发的可能性损害了世界经济的进一步复苏。

二、经济周期不同步，世界经济不确定性增强

特朗普上台增添了美国经济不确定性。长期来看，特朗普的政策组合有可能会加剧美国面临的问题。第一，在减税的同时增加政府支出，

必然导致美国联邦赤字攀升，政府债务率高企；第二，积极财政政策可能引致强势美元，将会对美国商品出口造成不利影响；第三，贸易保护将阻碍美国发挥比较优势，专业化分工被削弱，将影响美国生产率的回升，降低经济效率；第四，驱逐移民使美国低成本劳动力供给减少，并加剧其人口老龄化。从 2017 年来看，过快加息并不利于促进美国经济发展：一方面，利率走高将使居民储蓄意愿增强，消费意愿减弱；另一方面，加息提高资金借贷成本，将导致企业投资意愿下降。所以，这也会带来很大的不确定性。

政治、经济相互交织，欧洲发展前景不明。从经济基本面看，虽然 2016 年三季度以来欧洲经济出现好转，通胀有所回升，但从全年看，欧洲经济依然疲弱，部分指标比 2015 年有所下滑。同时，通胀的回升很大程度上来自原油价格的上涨，在美国页岩油供给压力下，预计 2017 年原油价格上升幅度有限，通胀水平难以持续高位运行，因此对经济的反弹不宜过度乐观。从欧洲政局看，2017 年，法国、德国进入大选年，政治不确定性和分裂风险带来的影响依然存在。英国“脱欧”方面，虽然英国首相特蕾莎 · 梅提出将退出欧洲单一市场，收回边境控制权的政策立场，但同时她又表示希望与欧盟签署自由贸易协定，该政策能否顺利推进，仍存在疑问。意大利方面，2016 年 12 月初结束的意大利公投并未通过宪法改革方案，这也可能对 2017 年欧洲的政治经济局势产生扰动。从政策层面看，考虑到 2017 年欧盟各国财政负担较重，希腊、西班牙、意大利、葡萄牙等国的赤字率和政府债务率高企，均突破了欧盟设定的警戒线，这也使得欧盟各国的财政政策空间有限，货币政策更加难以收紧。

发展中国家良莠不齐，受世界影响未来难以预测。贸易保护兴起，新兴出口或“受伤”。在全球经济低迷的背景下，贸易保护主义开始抬头，对出口贸易较为依赖的新兴经济体或更“受伤”。美国作为全球第一大经济体，采取的贸易保护措施数量竟然居各国之首。特朗普有着明显的贸易保护主义倾向，作为美国主要逆差来源国的中国、墨西哥、越南、印度、马来西亚等，可能受到贸易保护主义影响更大。美元周期警惕风险，长期看好中国和印度。美元在全球货币体系中处于霸权地位，各主要新兴货币都紧盯美元，所以美联储加息及美元强势会直接冲击新兴经济体。中国和印度作为人口大国，本身就具有较大的需求潜力，印度未来的人口红利要好于中国，而中国基础设施和制度环境优于印度。长期来看，只要中国和印度坚定改革之路，经济很有潜力，在新兴经济体中也会表现更好。

三、沉着应对世界经济不确定性，抓住机遇提升国际竞争力

拿出定力，积极面对世界经济新情况。面对中美经贸关系不确定性，面对欧洲何去何从的不确定性，面对朝鲜半岛、叙利亚危机问题，中国一定要拿出定力。首先，要确保中国经济稳中求进的确定性，确保无论在多么严峻的国际形势下，中国始终坚持和平发展的确定性。有了这些确定性，我们可以成功化解各种不确定性，而且经过一段时间的磨合、沟通交流，实现中国和世界，尤其是中美的继续发展的确定性。实现这种确定性不仅有利于中美两国人民，也有利于世界人民。其次，中国可以量力而行地参与国际经济治理。中国应积极参与适应当前新形势的国际经济规则的改革，积极参与推动国际宏观经济政策的协调，积极参与

提供全球公共产品的供给。

拿出魄力，大力推进供给侧结构性改革。推进供给侧结构性改革，要从生产端入手，重点是促进产能过剩有效化解，促进产业优化重组，降低企业成本，发展战略性新兴产业和现代服务业，增加公共产品和服务供给，提高供给结构对需求变化的适应性和灵活性。有力、有度、有效落实好“三去一降一补”重点任务；引导好发展预期，用稳定的宏观经济政策稳定社会预期，用重大改革举措落地增强发展信心。要加大重要领域和关键环节改革力度，推出一批具有重大牵引作用的改革举措。要大力推进国有企业改革，加快改组组建国有资本投资、运营公司，加快推进垄断行业改革。

拿出实力，提升我国企业的国际竞争力。在世界经济缓慢复苏背景下，民粹主义、贸易保护主义有所抬头，但经济全球化趋势不会逆转，拓展外需仍大有可为。应提升中国产品价值链地位，促进从以组装加工为主向研发、设计等价值链高端延伸。大力发展服务外包，提高服务贸易的技术含量和附加值，有序推进服务业市场开放，带动国内服务业竞争力提升；在多边贸易体系中发挥更加积极的作用，推动商品和服务贸易自由化；鼓励企业积极拓展国际市场，尤其是潜力巨大的新兴市场；抓住全球金融危机后世界经济调整的有利时机，结合我国自身要素特点和优势，有效利用全球人才、技术、市场等资源；完善对外投资体制，支持各种所有制企业积极稳妥地开展国际化经营，培养一批综合素质好、竞争力强、影响力大的跨国公司，带动国内产业升级。

（本文原载于《学习时报》2017 年 4 月 10 日）

客观看待当前国内外经济形势

国家统计局公布的数据显示，2016 年上半年国内生产总值同比增长 6.7%，较 2015 年同期回落了 0.3 个百分点，低于去年全年的 6.9%，好于此前市场普遍预期。但我们也必须看到，中国正处在转型升级、动能转换的关键阶段，结构调整阵痛仍在持续，下行压力不容忽视。在此背景下，继续全面深化改革是经济长期可持续健康发展的关键一招。

一、国内经济基本平稳，但也存在诸多制约经济发展的风险

宏观经济增速略好于预期，整体表现平稳

2016 年二季度国内生产总值同比增长 6.7%，与一季度持平，较 2015 年同期回落 0.3 个百分点。从产业结构同比增速来看，第一、第二、第三产业累计同比增速分别为 3.1%、6.1% 和 7.5%，较 2015 年平均分别下降 0.8、−0.1 和 0.8 个百分点。由于前期刺激政策逐步发力，固定资产投资反弹。从数据上看，上半年固定资产投资增速为 9.0%，相较前 5

月的 9.6% 下滑 0.6 个百分点。从分项目看，投资增速下行主要影响因素为：制造业投资和房地产投资增速回落，同时民间投资增速下滑明显。

从总需求结构的三驾马车来看，上半年，全国规模以上工业增加值同比增长 6.0%，6 月工业增加值同比为 6.2%，制造业生产增速同比增长为 7.2%。从区域结构来看，东部地区规模以上工业增加值同比增长 6.4%，快于全部规模以上工业 0.4 个百分点；东部地区固定资产投资（不含农户）增长 11.0%，快于全部投资 2 个百分点。中西部地区后发优势继续发挥，主要指标增长仍然快于东部。上半年，中西部地区规模以上工业增加值同比增速分别比东部地区快 0.9 个百分点和 0.8 个百分点，固定资产投资（不含农户）增速分别比东部地区快 1.8 个百分点和 2.5 个百分点，但东北地区工业和投资增长仍然较慢。全国上半年最终消费对经济增长的贡献率为 73.4%，比 2015 年同期提高 13.2 个百分点，比资本形成的贡献率高 36.4 个百分点。发展享受型消费增长较快，占比继续提高。整体上来看，国内经济仍在合理区间内，实现了平稳开局，相比 2015 年在经济结构调整方面出现了更多积极迹象。

采购经理人指数（PMI）回升，经济稳中复苏

2016 年 7 月 1 日，国家统计局服务业调查中心和中国物流与采购联合会发布了中国制造业和非制造业采购经理指数。6 月，制造业 PMI 为 50.0%，比 5 月微降 0.1 个百分点，位于临界点。

在 6 月制造业 PMI 的主要分类指数中，生产指数为 52.5%，比 5 月上涨 0.2 个百分点，这些情况反映出工业生产形势向好，制造业企业生产具有新增长态势，增速也略有提高；新订单指数为 50.5%，连续三个月回落；主要原材料购进价格指数连续两个月大幅回落至 51.3%。受世界经济增长疲软、美国加息预期、欧美国家贸易保护措施、英国脱欧等因素影响，近期制造业外贸走势偏弱。新出口订单指数为49.6%，连续三个月回落；进口指数为49.1%，比上月下降0.5个百分点，连续三个月位于临界点以下，表明我国外部需求持续疲软。从企业规模看，大型企业PMI为51.0%，比5月上涨0.7个百分点，持续高于临界点，走势总体平稳；中型企业PMI为49.1%，比5月下降1.4个百分点，降至临界点以下；小型企业PMI为47.4%，比5月下降1.2个百分点，继续位于临界点以下。中小型企业PMI回落幅度较大，表明其生产经营中的困难更为突出。

可见，当前工业生产整体平稳，有明显的复苏迹象，但是结构性问题仍然存在。

制约经济发展的风险不容忽视

有效需求不足现象较为突出。从宏观层面来讲，当前经济有效需求不足，对工业发展形成了较大的制约。在就业形势稳定、工资性收入继续增长、社会保障水平稳步提高，以及消费环境逐步改善的带动下，居民收入和消费增长总体是平稳的。2016年上半年，全国居民人均消费支出同比增长8.8%，扣除价格因素，实际增长6.6%。同时，社会消费品零售总额同比增长10.3%，其中二季度增长10.2%，与一季度基本持平。同时，固定资产投资拉动力不强，尽管一季度的固定资产投资的增速同2015年相比有所上升，但是同前几年的高速增长相比，回落幅度较大，对工业的带动作用明显减弱。

经济体杠杆率过高。6月末中国M2（广义货币）余额超149万亿元，同比增长11.8%，实际上产生的债务规模不断增大。中国社会科学院发布的一份报告显示，截至 2014 年末，地方政府总负债已达到 30.28 万亿元，这两年多为到期时间，总量上有所增加，但是增幅并不大。与总资产 108.2 万亿元相比，地方政府的债务尚处于可控阶段，但潜在的风险依然不可小觑。不少地方政府通过企业或者其他平台进行融资，数量很难进行统计，地方债规模可能远超过这个数字。2016 年地方上马项目基本不受约束，各地为了刺激经济增长，不断上马各种项目。而考虑到整体宏观经济的情况，地方债务规模和风险具有不断扩大的迹象。

银行不良贷款率高企。2016 年 4 月 27 日，16 家上市银行年报正式公布完毕。在业绩增幅放缓的同时，上市银行的不良贷款余额在快速增长。数据显示，截至 2015 年底，16 家上市银行的整体不良贷款余额已经逼近万亿整数关，达到 9942.02 亿元。相较之下，在 2014 年底，15 家上市银行的整体不良贷款余额为 6625.56 亿元。中国银监会数据显示，中国商业银行不良贷款余额在 2016 年达 1.27 万亿元，相比较于 2015 年的 8426 亿元，不良贷款同比增长 51%，而不良贷款率也升至临界值 1.67%。未来一段时期不良贷款规模可能还会继续攀升。截至 2015 年，不良贷款余额主要集中在制造业（3921.4 亿元，占比 37.1%）和商业（3689.6 亿元，占比 34.9%）两大周期性较强的行业，合计占不良贷款的 70% 以上。随着经济增速逐步回调，过去高增长所掩盖的问题、矛盾和风险将不断显现。

二、世界经济不确定性依旧，复苏之路艰辛

美国经济复苏态势确立，但未来仍有较多的不确定性

美国经济显现出相对增长优势，消费、核心资本品订单增长相对

平稳，失业率微升至 5.0%，为 2015 年 5 月以来的首次上升，高于预期和前值的 4.9%，美国经济复苏呈现良好局面，但也存在一定的不确定性。

长期来看，美国经济的不确定性仍然来自政府支出的持续削减，其对经济增长的负面影响也将逐步显露出来。减支计划几乎涵盖各个领域，这意味着美国已经进入实质性的“财政紧缩期”，削减赤字的成本将被长期分摊。此外，之前的债务上限触顶，以及“财政悬崖”中关于取消企业投资税收优惠条款可能性增大，加速折旧优惠、税收减免等政策到期将导致成本增加，对企业未来增加资本支出形成制约，财政去杠杆化对美国经济的影响将会在未来逐步显现。

政治经济步履维艰，欧洲复苏实难可期

2016 年以来，受美国经济温和复苏等因素影响，欧元区综合 PMI、经济信心指数等先行指标一度有所回升，尤其是德国的经济增长动力随内外需求的改善而有所增强，从而使欧元区有望避免重现 2015 年四季度全面衰退的局面。

但是，欧洲现阶段面临的问题主要来自以下几个方面：一是难民潮危机。欧洲正面临“二战”后最严重的难民危机。据联合国估算，2015 年，大约有 100 万人为了逃离战乱、贫穷、迫害而横跨地中海至欧洲。随着中东安全局势进一步恶化，难民潮不太可能在 2016 年减弱。而欧洲国家在难民问题方面存在很大的分歧。二是英国退出欧盟引发的政治经济风险。三是恐怖主义威胁。欧洲的恐怖主义威胁料将在 2016 年持续爆发，人心不稳，对欧洲经济料将产生重创，欧洲国家在安防方面的支出势将进一步增加。

负利率难解通缩痼疾，日本经济前景不明

在6月最新预测中，世界银行将2016年全球经济增长预期由1月的2.9%下调至2.4%，日本增长仅为0.5%。自2011年以来，日本物价一直在负增长区间徘徊，CPI（居民消费价格指数）与核心CPI当月同比基本为负值。在已经实施负利率的情况下，核心CPI年率仍然持续恶化，负利率政策是否真正能够刺激并恢复经济增长，以达成CPI的目标，相关经济人士争论不休，日本央行内部也出现较大分歧，而从2016年来看效果甚微。此外，日元大幅贬值也可能引发各国竞争性贬值，从而引起国际金融秩序和贸易秩序出现动荡。

新兴经济体表现各异，未来将面临结构性风险挑战

自2016年一季度以来，新兴市场经济体表现各异，多数国家获得内需支撑，但各国面临的经济难题具有紧密的关联性，相比几年前，普遍面临出口低迷和政策瓶颈的挑战。印度在2015年四季度GDP增速达到7.5%，学界与市场对印度经济在2016年的表现都给出了相对乐观的预测，预计增速将达到7%以上。由于受油价跌幅影响，俄罗斯经济陷入泥潭，2015年卢布暴跌50%以上，致使俄罗斯收支严重恶化，预计俄罗斯2016年的财政赤字将占到GDP的4.4%。巴西2015年经济增速为−3.7%，受国际市场大宗商品价格大幅下降、国内消费萎靡影响，未来的巴西经济可能进一步恶化。南非同样受到国际经济形势影响，国内超过25%的失业率，2015年11月的PMI指数已经下降到6年来最低。与此同时，2016年新兴市场经济体增速较低，但物价水平居高不下，特别是竞争性贬值与资本外逃有可能进一步恶化“双赤字”国家的国际收支，国家经济发展面临诸多风险挑战。

三、坚决打赢供给侧结构性改革攻坚战，运用倒逼机制把握发展新机遇

推进供给侧结构性改革，打造中国经济转型升级版

推进供给侧结构性改革，要从生产端入手，重点是促进产能过剩有效化解，促进产业优化重组，降低企业成本，发展战略性新兴产业和现代服务业，增加公共产品和服务供给，提高供给结构对需求变化的适应性和灵活性。有力、有度、有效落实好“三去一降一补”重点任务；引导好发展预期，用稳定的宏观经济政策稳定社会预期，用重大改革举措落地增强发展信心。要加大重要领域和关键环节改革力度，推出一批具有重大牵引作用的改革举措。要大力推进国有企业改革，加快改组组建国有资本投资、运营公司，加快推进垄断行业改革。

完善收入分配制度改革，扩大中等收入群体

扩大中等收入群体，关系全面建成小康社会目标的实现，是转方式调结构的必然要求，是维护社会和谐稳定、国家长治久安的必然要求。扩大中等收入群体，必须弘扬勤劳致富精神，激励人们通过劳动创造美好生活；必须完善收入分配制度，必须强化人力资本，加大人力资本投入力度，着力把教育质量搞上去，建设现代职业教育体系；必须发挥好企业家作用，帮助企业解决困难、化解困惑，保障各种要素投入获得回报；必须加强产权保护，健全现代产权制度；加强对国有资产所有权、经营权、企业法人财产权保护，加强对非公有制经济产权保护，加强知识产权保护，增强人民群众财产安全感。

积极拓展外需，提升我国企业的国际竞争力

在全球金融危机背景下，贸易保护主义有所抬头，但经济全球化趋势不会逆转，拓展外需仍大有可为。应提升出口产品附加值，促进从组装加工为主向研发、设计等价值链高端延伸。大力发展服务外包，提高服务贸易的技术含量和附加值，有序推进服务业市场开放，带动国内服务业竞争力提升；在多边贸易体系中发挥更加积极的作用，推动商品和服务贸易自由化；鼓励企业积极拓展国际市场，尤其是潜力巨大的新兴市场；抓住全球金融危机后世界经济调整的有利时机，结合我国自身要素特点和优势，有效利用全球人才、技术、市场等资源；完善对外投资体制，支持各种所有制企业积极稳妥地开展国际化经营，培养一批综合素质好、竞争力强、影响力大的跨国公司，带动国内产业升级。

总之，从发展趋势看，我国经济发展长期向好的基本面没有变，经济韧性好、潜力足、回旋余地大的基本特征没有变，经济持续增长的良好支撑基础和条件没有变，经济结构调整优化的前进态势没有变。从经济运行看，我国经济发展新常态的特征更加明显，必须坚定信心、增强定力，坚定不移推进供给侧结构性改革，培育新的经济结构，强化新的发展动力。

（本文原载于《红旗文稿》2016 年第 15 期）

加强风险控制　预防经济下滑

我国 2012 年四季度经济企稳回升，但数据显示，2013 年一季度 GDP 同比增长 7.7%，较 2012 年四季度回落 0.2%，低于此前市场普遍预期。这表明我国经济增长虽平稳，但复苏基础仍很薄弱，宏观经济存在下滑风险。在此背景下，加快改革步伐，进一步释放改革红利，无疑将成为经济新增长点的关键，也是经济长期可持续发展的根基所在。

一、当前宏观经济运行情况

宏观经济增速低于预期，整体表现平稳。2013 年一季度 GDP 环比增长 1.6%，是 2010 年四季度以来的最低值。从产业结构来看，第一、二、三产业累计同比增速分别为 3.4%、7.8% 和 8.3%，较前三季度分别上升 −1.1 个百分点、−0.3 个百分点和 0.2 个百分点。经济整体结构虽有所改善，但近期政府的动作表明，政府更加关注经济运行中存在的风险，未来经济增速或持续低于预期。其中，占比较重的工业生产偏弱，地产投资下滑也略超预期。一季度，全国规模以上工业增加值同比增长 9.5%，比 2012 年全年回落 0.5%；3 月工业增加值同比增长 8.9%，远低于 10% 左右的市场预期。在主要工业品中，发电量、钢材、水泥、有色金属等中上游行业增速下滑明显，产能过剩抑制了工业复苏。

PMI 再创新低，经济面临下行风险。数据显示，4 月 PMI 为 50.6%，连续 7 个月高于 50% 的荣枯线，但比上月回落 0.3%，创三个月以来新低，且新订单分项指数和生产分项指数均出现回落，显示中国经济面临下行风险，增长动力需要增强。从企业规模看，大型企业 PMI 为 51.0%，中型企业 PMI 为 50.7%，小型企业 PMI 为 47.6%，说明小企业的生存状况仍然不佳。可见，当前工业生产增速有所回落，主要是因为产能过剩行业、高耗能行业增速减缓，具有一定的积极意义和合理性。但生产指数仍高于订单指数，说明控制产能过剩仍是当前经济保持平稳增长的关键之一。

PPI 持续低迷，隐含紧缩风险。国家统计局数据显示，4 月，全国工业生产者出厂价格同比下降 2.6%，创半年以来新低。本轮跌幅虽然较小，但持续时间之长，为过去十年所未见。我国 PPI（生产价格指数）走势受到国际大宗商品价格和国内工业生产增速的影响，环比回升乏力，走势低于预期，反映了当前社会总需求仍然较弱。

二、国际经济回升乏力，复苏不确定性依旧

美国经济未走上复苏正轨，财政削减将影响后续增长。美国经济显现出相对增长优势，消费、核心资本品订单增长相对平稳，失业率降至 7.7%，并创四年来新低。但是，美国经济复苏也许并没有看起来那样强

劲。美国经济面临的最大风险仍来自政府支出的持续削减。长期看，未来美国政府每年将必须削减近千亿美元的相关财政支出，并在10年内削减1.2万亿美元支出，这意味着美国已经进入实质性的“财政紧缩期”。此外，债务上限触顶及“财政悬崖”中关于取消企业投资税收优惠条款可能性增大，对企业未来增加资本支出形成制约，财政去杠杆化对美国经济的影响将会在随后几个季度显现。

“紧缩—衰退”循环未打破，欧洲经济衰退仍难避免。欧债危机已经持续三年之久，经济依然疲弱。2013年以来，受美国经济温和复苏等因素影响，欧元区经济增长动力随内外需求的改善而有所增强，从而有望避免重现2012年四季度全面衰退的局面。但是，“财政紧缩—衰退—债务加重”的循环状态并未突破，政府、企业、居民支出全线下降，欧元区经济缺乏持续回升的有效动力。从全年走势看，欧元区重债国仍将陷于深度衰退。迫于种种情况，紧缩的财政政策将使得这些国家依然陷于财政紧缩和经济衰退的恶性循环之中，经济衰退难以避免。根据欧盟委员会发布的冬季经济预测，2013年欧元区经济将出现0.3%的负增长，仍将徘徊在衰退边缘。

长期通货紧缩顽疾难解，日元贬值将带来新冲击。自2011年以来，日本物价一直在负增长区间徘徊，CPI当月同比基本为负值，经济复苏情况不容乐观。日本是亚洲许多国家的中间产品供应国，受日元贬值影响，韩国等新兴经济体实际有效汇率不断上升。如果日元继续贬值，其他各国将被迫竞相压低本国汇率，随之而来的一系列反应对中国出口冲击将逐步显现。尽管中国出口日本贸易量占比大幅下降，但由于人民币尚缺乏弹性，导致被动升值压力较大，如果考虑到其他贸易伙伴货币的贬值因素，将会对中国出口贸易产生显著的负面影响。

新兴经济体陷入增长疲软期，面临结构性风险挑战。2013 年以来，新兴市场经济体经济呈现弱势反弹，经济增长从整体上看略好于上一季度，但各国面临的经济难题具有紧密的关联性，新兴经济体普遍面临出口低迷和政策瓶颈的挑战。受到国际因素影响，除印度的出口小幅增长以外，俄罗斯、巴西、南非的出口都出现了不同程度下降。与此同时，新兴经济体的物价水平居高不下，特别是竞争性贬值与资本外逃有可能进一步恶化“双赤字”国家的国际收支，弱化现有宽松政策的调控力度并给货币政策调控带来新的挑战。

三、国内经济基本平稳，诸多风险并存制约经济发展

有效需求不足，投资拉动效果明显减弱。从宏观上看，经济有效需求不足，对工业发展形成了较大制约。一方面，消费增势有所放缓。2013 年以来，社会消费品零售总额扣除价格因素之后，比 2012 年全年下降了 1.3%。另一方面，固定资产投资拉动力不强。尽管一季度的固定资产投资的增速同 2012 年持平，但是同前几年的高速增长相比，对工业的带动作用明显减弱。从微观上看，企业面临的困难比较多。由于需求不足，部分行业产能过剩的矛盾更加突出。另外，在产品价格下降和成本刚性上升的双重压力下，企业利润下降。2013 年前两个月，规模以上工业企业实现利润率 5.18%，企业亏损面上升到 20.7%，整体利润率不高，加之市场预期不佳，自热导致投资意愿降低。

信用评级下调，系统性金融风险显现。4 月 9 日，国际三大信用评级机构之一惠誉下调中国长期本币信用评级，这是该机构 1999 年以来首

次下调中国主权信用评级，此项调整来源于对债务风险与影子银行的风险担忧。2010 年底，中国官方公布地方负债规模为 10.7 万亿元，其中 6.7 万亿元体现在地方政府资产负债表。不少地方政府通过其他平台进行融资，数量很难进行统计，地方债规模可能远超过这个数字。企业债务工具的发行与交易也存在风险，影子银行规模日益加大。据相关报告显示：2013 年中国影子银行的规模高达 27 万亿元左右。一些理财产品如果在未来出现违约，会通过杠杆性导致风险扩大。

经济增速下降，银行不良贷款上升。截至 2013 年 3 月末，商业银行的不良贷款余额达到 5243 亿元，同比增长 20.7%，比年初增加 339 亿元；不良贷款率为 0.99%，比年初上升 0.02%。未来一段时期不良贷款规模可能还会继续攀升。新增的不良贷款，分地区来看，仍主要集中在东部沿海地区。分行业来看，大部分新增不良贷款集中在钢铁、光伏、船舶等行业。例如，光伏行业处于亏损的状态，一些企业信用风险明显上升。另外，风险还有向化工、建材、有色金属、工程机械等多个行业扩散的可能。

热钱流入急剧，外汇占款激增。受国内经济复苏形势改善、人民币汇率迭创新高，以及无风险利差持续存在等因素影响，我国再度成为短期国际资本流入的洼地。一季度中国实现贸易顺差 430.7 亿美元，贸易顺差为 2012 年同期顺差（2.1 亿美元）的 205.1 倍；实际使用外资金额 299.05 亿美元，同比增长 1.44%。海关总署发布的数据显示，境内宽松的流动性和相对较弱的经济增速存在矛盾，股市等投资市场没有出现明显的资金流入迹象，通胀水平也较低。因此流入的资金极有可能成为热钱，必须警惕人民币对美元汇率出现波动时这些套利资金获利出逃的风险。人民币汇率持续走高，潜在风险增大。2013 年 5 月 2 日，人民币对美元汇率中间价报 6.2082，逼近 6.20 关口，创下了 2013 年来的单日最大涨幅。4 月人民币的连续加速升值，已令市场对人民币的升值预期逐渐加强。对于人民币的持续升值，一方面，给外贸企业增加了较大的压力，削弱了外贸企业的相对竞争力；另一方面，人民币虽然连续升值，但是贬值预期正在加强。据推算，2013 年前两个月进入国内的游资近 940 亿美元，如果再加上虚假贸易等因素，入境游资金额会更高。一旦人民币汇率出现贬值预期或者出现贬值的动作，将引发资金外流，如此大规模的资金流动将会对国内经济造成冲击。

四、深入推进改革，预防经济下滑风险

深入推进改革开放，创造新的竞争优势

首先，加大收入分配改革力度，既重视改善民生，更促进机会均等。应加快推进国有经济战略性调整，完善国有资本经营预算制度和监管制度，可以适当提高国有企业利润上缴比例，并将其主要用于充实社会保障基金；降低对劳动和用工的课税，增加对资本利得的征税；严格实行同工同酬，保障劳动者工资合理增长，促进中等收入群体发展壮大，全方位、实质性地提高社会机会均等程度。

其次，促进创新驱动和产业升级。在产业快速扩张期过后，应加大兼并重组力度，使有竞争力的大企业更大，中小企业更专。在有选择地发展新兴产业的同时，大力加强传统产业改造升级，逐步形成一批有长期稳定国际竞争力的企业。继续为中、小、微型企业发展创造宽松环境，在财税、金融、市场准入、就业创业等政策上给予有效支持。

最后，积极拓展外需，提升我国企业的国际竞争力。当前贸易保护主义有所抬头，但经济全球化趋势不会逆转。扩大内需是我们的基本立足点，但拓展外需仍大有可为。应提升出口产品附加值，促进从以组装加工为主向研发、设计等价值链高端延伸；抓住国际金融危机后世界经济调整的有利时机，结合我国自身要素特点和优势，有效利用全球人才、技术、市场等资源。

控制金融体系风险，完善外汇管理体制

首先，需要增强人民币汇率弹性，削弱短期资本流入的拉动因素。当前可在保持人民币汇率大体稳定的前提下，通过放宽人民币对美元日均汇率波幅来实现人民币对美元汇率的双向波动，从而削弱或分化市场上关于人民币只升不降的单边预期。

其次，加强跨境资金流动监测预警。采取措施抑制跨境资金套利活动，总体上保持对国际游资大进大出的有效控制和风险防范。监管部门应制定相应的应急之策，做好随时向金融系统注入流动性的准备，对热钱流出入要继续保持高压打击态势。

最后，要促进人民币跨境结算业务合规开展。切实加强对跨境贸易人民币结算的监测与分析，控制市场主体的违规套利行为，尽量减少非正常的人民币跨境支出对境内银行售汇的替代，保障人民币跨境结算业持续健康发展。继续扩大人民币流出渠道，稳步推进人民币境外直接投资发展。

通过结构性减税，调整经济结构，保持经济健康发展

首先，从整体和长远来看，对中小微企业和中低收入居民减税，对符合经济转型和产业升级标准的行业和企业减税，这样不仅有利于结构调整和产业升级，降低企业税负，提升经营活力，提高居民收入和消费水平，而且也是涵养税源、扩大税基，扩内需、稳增长的有效措施。

其次，结构性减税重要的是结构调整。对于税收手段的运用，不应仅仅限于减税，还应该考虑通过税制改革来完善税制，形成良好的税收环境，使国家、企业和个人之间的国民收入分配保持良好的比例关系。通过建立长期税制改革的稳定机制，使得税制改革有利于促进经济结构的改善和增长方式的转变。

最后，GDP 的回调也是通过结构性减税推动结构转型和发展方式转变的良好契机。未来的经济增长取决于结构调整、发展方式的转变，取决于关键领域的改革。减税的目标应更加注重优化结构、夯实基础、激发市场活力和经济内生动力，推动经济稳步健康发展，要比简单追求高增长速度更为重要。

（本文原载于《红旗文稿》2013 年第 11 期）

我国当前经济增长趋缓的成因及治理对策

近年来，世界范围内面临着一场通货紧缩的考验。治理通货紧缩，遏止经济增长趋缓的持续和蔓延，保持较快经济增长及较低失业率是各国政府所要解决的重大现实经济问题。

一、西方国家治理经济增长趋缓的相关政策

2002 年，发达国家主要利用积极的财政、货币政策及国际贸易的方法来缓和和遏止经济增长趋缓的持续和蔓延，主要是以下几方面的政策。

宏观经济政策

宏观经济政策是发达国家运用最多的一项政策，主要包括财政政策和货币政策。

财政政策是政府通过预算和税收来保持经济一定的增长，主要包括税收和公共开支，集中反映在以下一些具体的政策当中。一是兴建公共工程的有关开支。政府通过增加公共工程开支的办法刺激社会需求，提

高人们的购买力。二是通过调节税率，来刺激投资者的兴趣，从而扩大投资渠道，提高就业率，带动消费的增长。货币政策是宏观经济政策的又一重要内容。西方各国通过各自的中央银行运用利率等政策来调节货币的流量和速度，从而解决经济增长的问题。货币政策与财政政策相比较，有独立性、快速性和灵活性等特点，因此，在经济发展过程中受到各国政策制定者的青睐。货币政策主要由各国的中央银行来推行，央行一般通过三种基本政策工具来影响经济增长：公开市场业务、准备金率、贴现率。

各国央行通过三项主要的政策来扩大社会有效需求，刺激投资和消费，从而促使社会总体价格水平回升，进而达到保持经济一定增长的目的。除此之外，还有其他一些辅助性的间接政策，例如，表示不满、最高利率控制等手段。这些辅助政策一般是与三项主要货币政策结合起来，共同使用。

社会保障政策

社会保障政策是政府弥补市场缺陷的主要措施，大萧条以后逐渐成为西方各国重要的政策工具。其核心问题有三个：养老、医疗、失业。社会保障的经济学理论基础是消费理论。比较有代表性的是理性预期学派。该学派认为政府不应该在财政和货币政策上摇摆不定，应尽量保持政策的稳定性和一贯性，这样消费者就会遵从效用优化的原则，消费行为会保持一种理性的增加。

社会保障政策的实施可以进一步扩大政府的预算支出，增加财政支出的力度，从而可以提供更多的就业机会。同时，由于社会保障政策还能够通过救济和补贴的方式来保护消费者手里的货币拥有量，所以，可以起到维持社会总需求的稳定。

社会保障政策的实施还可以稳定消费者的心理预期。消费者的消费行为并不是毫无节制的，一个人的消费行为与他的收支心理预期紧密相关。当一个消费者感觉到自己的切身保障只能通过自己的收入来保证时，他的消费行为肯定是不积极的。一旦社会保障政策可以承担他的失业、养老、医疗等需求时，他的消费行为必然是积极的。社会保障政策的完善与否直接关系到消费者的心理预期，从而对一个社会的总需求产生影响。消费行为的积极旺盛必然会带动价格水平的提高，同时就会影响到经济发展。

对外贸易政策

由于世界各国的劳动生产率和生产要素存在诸多差异，国际贸易可以互通有无、相辅相成。西方各国都积极地通过对外贸易政策来充分利用本国的生产要素，如劳动力、资金、土地等，发挥比较成本优势。随着经济全球化的进一步加深，各国都在制定政策扩大出口，增加贸易量，通过关税和汇率等政策影响对外贸易，扩大贸易额刺激国内市场。由于2002年对外贸易的数额占一国总量的比例越来越大，各国在制定政策时都把对外贸易作为促进经济增长的重要措施。

西方各国对外贸易政策主要包括以下一些内容：（1）制定合理的外贸管理战略，以此来调整和管理对外贸易当中的商品和技术含量及体制结构，从宏观上控制一个国家的进出口数量和结构。（2）建立良好的外贸环境和秩序，政府制定各项合理的对外贸易政策和规则，保证可以参与国际贸易的竞争，让本国经济发展融入国际贸易一体化之中。（3）直接参与外贸活动，主要是政府还可以直接经营部分的商品和技术等。（4）

吸收国际资本。2002 年不论是发达国家还是发展中国家，都在积极地吸收国际资本的流入，其中国际资本流入最有效的是外商直接投资，这种资本在参与国内经济发展过程中的稳定性比较好，非常有利于一个国家经济的增长和发展。

一方面，通过这些有效的对外贸易政策，可以为西方国家的经济发展提供大量的国际资本注入，补充其经济发展当中资金的不足，刺激国内的消费需求。另一方面，有效的对外贸易政策在保持一个国家经济发展方面也发挥着日益重要的作用。所以，一国政府可以通过有效的对外贸易政策来实现保持经济增长的目的。

二、我国当前经济增长趋缓的成因分析

美国经济评论家迈克尔·曼德尔从美国经济的现实出发，提出可能出现全球性的通货紧缩危机。2002 年，发达国家面临着通货紧缩的考验。我国政府也已认识到我国经济的发展环境发生重大变化。我国当前经济增长趋缓，除世界经济不景气外，主要是由以下一些内在因素造成的。

我国市场经济体制转化机制还没有充分完成

我国仍处于向完善市场经济体制过渡的过程中，市场体系仍不健全，企业，特别是国有企业，还没有成为真正的市场经济主体。我国经济发展的方式主要还是粗放式、外延型，并且由于政企不分，企业不能根据市场发展的趋势来适时调整自己的产品结构和管理模式。当政府实行适度从紧的财政货币政策，市场从卖方市场转为买方市场时，企业就不能适应激烈的竞争，产品大量积压，生产下滑，大量工人下岗和失业，存

在大量的隐性失业现象。由于微观经济领域企业效益的下降，现代企业制度难以尽快建立；再加上我国宏观经济政策的实施经验不够，机制也不够完善，这就更减弱了财政货币政策的效用。

与市场经济相配套的政策、法律监督检查制度仍有重大缺陷

政企不分是企业缺乏活力的原因之一，但也与各项政策法律监督制度的缺陷分不开。近几年来，地方政府为获得短期的政绩，不顾市场经济规律盲目上项目，搞重复建设，造成大量的资金被锁定在大量的设施建设项目上。各级政府的决策者为了追求片面的眼前效益，没有按市场规律办事。因此，在行政体制改革过程中，对于各级政策的制定者的考核监督要进行适当调整。不仅要看政策带来多少项目和增长量，更重要的是看政策的效益、效率和质量。各种盲目的建设项目导致了大量的资金占用，影响了经济增长。

目前经济情况的产生与前一段时间政府的“双紧缩”政策有关

为了保证经济尽快增长，政府采取了增加货币投放量的政策，几年后，整个经济又热到了高点。为了治理通货膨胀，政府出台了财政货币双紧政策，并被确定为今后经济发展的基本政策。1993 年的下半年到 1996 年我国政府宏观经济政策主要是抑制过高的通货膨胀，采取“双紧缩”政策，同时也加强了固定资产的投资控制。从 1995 年开始连续几年货币投放量减少，连续的货币供应减少，必然会在 2000 年、2001 年的市场价格上反映出来，造成价格水平的不断下降。再加上固定资产紧缩，使各种生产资料和劳务价格下降，所以，2002 年的经济现实与前一段时间政府紧缩政策有直接关系。

社会收入政策的不合理

收入政策的不合理加重了分配严重不公现象。2002 年，我国不同职业、单位、行业、地区之间缺乏平等竞争的机制和环境，劳动者在竞争中缺乏平等竞争的机遇，造成了在分配领域劳酬的严重不公平。少数人违法乱纪，聚敛了大量的钱财，并且通过前些年的通货膨胀，使收入的差距进一步加大。收入差距的拉大使相当一部分人只能维持低水平的生活条件，不具有较强的消费能力。反映在储蓄结构上就是社会中的少数人掌握有大部分的存款。高收入者消费没有热点，低收入者没有一定的消费能力。

社会保障体系的滞后

我国原来的社会保障问题由单位解决，随着市场经济的进一步深化，原有的单位体制发生了很大变化。原来是单位办社会，后来单位退出这一社会保障体制后，社会并没有有效地承担起来。许多群众现在既不能靠单位也不能靠社会。消费者个人的养老、医疗、失业等问题在很大程度上由个人负责。所以，消费者对个人和家庭长期的支出预期不断增大。特别是非义务教育的投资在不断增大，家庭的长期支出预期也随之不断增大。伴随着个人和家庭消费预期的不断增加和日益严峻的就业市场，人们的收入预期也在降低，由此必然导致大众消费疲软，从而对价格水平产生影响。

国际经济一体化的影响

近几年，西方经济发展缓慢导致贸易的数量急剧下降，外汇大量减少。我国对西方商品和劳务输出大面积减少。外贸需求的减少直接影响到国内市场的需求状况，减慢了经济增长的速度。同时，外国投资有结构性的缺陷。投资加工业、房地产偏多，而投资农业、交通、能源等行业的则不足 10%；投资沿海地区偏多，而投资中西部的仅占 10% 左右。这一现象加剧了我国产业结构和地区结构的矛盾，使我国的加工企业效益进一步下滑。

三、我国保持经济稳定增长的政策思路

从发达国家政策来看，政府采取积极的政策是防止经济增长趋缓的有效措施。我国政府从 2000 年以来开始采取了一系列的政策措施来防止经济增长趋缓的问题。但是，鉴于我国经济发展的复杂性，政府部门必须有长期的心理和政策准备。加入 WTO 以后，我国政府制定政策时应该将长期措施与短期措施相结合。

（一）长期政策目标主要是：为市场经济的建设创造一个良好的社会政治经济环境和政策法规体制，实现低失业率条件下的经济增长

加快行政体制改革，规范政企关系

企业不能作为真正的市场主体来参与市场竞争是政企不分的重要后果。企业缺乏主体性，现代企业制度的建立就是一句空话。企业的行为受到行政部门的干预和影响，行政部门的干预又导致企业决策的滞后和僵化，企业的产品缺乏竞争力，从而使企业的利润下降。企业效益的普遍下降会导致失业人数的增加和消费者购买力的下降。企业效益的普遍不佳使经济微观领域出现危机。

规范政府决策过程，减少决策过程中的“寻租”行为

“寻租”行为不仅造成大量宝贵国有资产的流失，也减弱国家经济政策的实施力度，扩大社会中不同人群收入分配的差距，降低大众的消费能力。“寻租”行为的另一严重后果是，政策制定者的腐败行为降低了大众对政策的信任度。政策出台缺乏大众信任和支持，其效果就很难达到预期的目标。

完善社会保障体系

中国人的生老病死在城市原来由单位负担。随着企业办社会的体制打破以后，原来属于企业承担的保障职能由社会来负担。但这一转变很难在短期内完成。再加上这几年失业下岗人数不断增加，社会保障的任务更加艰巨。广大居民关心的养老、医疗、就业问题如果不能得到很好解决，那么，这些问题就会不仅制约广大居民的消费能力，也使得居民的支出预期大大增加。

完善财政货币政策

财政政策的风险较大，而且具有刚性特征，对于我们比较脆弱的经济体制来说需要谨慎。在运用货币政策的时候，最大问题是国有商业银行的体制转轨，转变商业银行的行政色彩和“行政化”倾向。

积极建设与市场经济相配套的政策，规范道德伦理的软环境

市场经济的发展离不开相配套的法律政策制度及道德规范的软环境。市场经济中企业和个人都是独立的经济主体，平等、信用、诚实是各经济实体互利交往的基础。如果没有规范的制度和伦理规范支持，各个经济主体之间只靠利润的驱动，把获利作为唯一目的，市场经济的有效秩序难以得到保证，这样就会增加社会交易成本，造成大量资源浪费。假冒伪劣大量滋生，一方面是市场经济法制不完善，另一方面也是缺乏一种诚实信用的原则和伦理规范约束。因此，必须大力倡导一种全社会的诚实、信用、平等的交易规则，减少不必要的社会成本，把有效资源投入生产交换的过程中，提高社会资本的有效利用，遏制不必要的社会资源浪费。

（二）短期的政策主要涉及以下几个方面的内容

加快国有企业改革步伐，提高企业效益

由于企业，特别是国有企业，长期存在效益差、成本高的问题，企业负债率居高不下，普通企业达到了 70%，上市公司也达到 60%。企业效益的下降导致投资者的投资预期降低。要解决国有企业成本高、效益低的问题，对一部分无法扭亏为盈的企业就要让其退出。从政府承担的成本来看，“养企业不如养人”。从政府公共政策的角度来看，抑制企业亏损面大、负债率高的问题，不单是企业自身的问题，还与整个经济环境、政企关系有关。因此，提高国有企业的经济效益，从而带动内需，既是一项眼前的紧迫工作，同时又是需长期探索的一个重大课题。

灵活的财政货币政策

政府采用财政货币政策手段来提高社会总需求、保持经济增长是发达国家的“常规”手段，也是主要的治理对策。最近几年，我国财政货币政策起了重大作用。1998 年我国出现通货紧缩的迹象时，政府就采取了扩大财政支出、降低利率、增发国债等宏观经济政策措施，取得了一定效果。2000 年的增长率有了较明显的回升。从货币政策来看，2002 年一年期存款名义利率为 2.25%，已低于一般国家的利率水平，降息空间有限，货币政策受到影响。财政政策的运用则受到国家财力不足的影响，且过度借债和赤字易导致通货膨胀。

合理的收入分配政策

2002 年消费不旺的情况，在很大程度上与居民收入分配的不均衡有关。行业、地区、人群之间收入分配不合理，贫富差距逐步加大。从广大群众的消费结构看，恩格尔系数比较高，低收入群体的消费能力受到很大影响。政府应尽快加强个人所得税的征收，必须加大打击个人所得税偷逃行为的力度，通过税收和法律手段防止出现贫富过度分化。国家还可以通过社会保障措施，加大对低收入家庭的补贴，提高广大低收入者的消费水平。在广大农村地区要切实把农民的负担真正降下来，提高农民的实际收入水平。

加大对非国有经济成分的支持，向非国有企业开放更多的领域

2002 年，我国非国有企业在政策、信贷等方面都不能得到与国有企业同样的待遇，在融资方面也受到诸多限制。例如，2002 年几家上市公司中，非国有成分相当少。国有企业部分领域的垄断性远远没有被打破，电信、银行、电力等领域还是国有企业垄断经营，造成市场竞争不充分，也使得这部分国有企业在获得高额利润的同时忽视技术改造和技术创新，管理落后，人均利润值与国外相比仍然很低。特别是非国有银行的缺乏，使得非国有企业没有相应的信贷支持。我国政府在加快改革的同时，必须加大对非国有企业的支持，制定公平合理的竞争规则，创造一个公平竞争的市场秩序，逐步打破部分行业仍然存在国有企业垄断行为，鼓励市场竞争，扩大民间投资，刺激市场需求。

加快中小企业发展，加大扶持中小企业力度

到 2001 年底，全国工商注册登记的中小企业已超过 1400 万家，占全国企业总数的 90%，产值和利税分别占 60% 和 40%，提供了 80% 以上的就业机会。中小企业已经成为市场经济最活跃的经济主体，是创造社会财富的重要来源。政府对中小企业的扶持是投资小、见效快的有效途径，而且对解决企业问题、下岗问题起很大作用。

加快小城镇发展步伐

我国 2002 年农业人口占总人口的 70%，要提高广大农村地区的消费需求，一个切实可行的办法就是加快城市发展步伐，加快建设小城镇。小城镇的发展会带动一系列第三产业的发展，如教育、电信、金融、医疗等服务，并且创造大量的就业机会，可以吸收农村过剩的劳动力，从而可以扩大国内的需求，提高社会总体价格水平。

政府应加快国际经济一体化的进程

我国已加入 WTO，短期内可能由于竞争的加剧产生更多的失业和结构性产品过剩。但从长远来看，有利于市场机制的完善和企业竞争能力的提高。同时加入 WTO 后可增加我国的国际贸易额，扩大国内市场的需求。通过以上各项短期政策的实行，就近几年情况来看，主要是解决国有企业改革和就业问题，不断扩大内需，刺激经济增长。这也是我们运用政策所坚持的根本指导原则。

（本文原载于《唯实》2002 年第 3 期）

第三章
收入分配初探

深化改革分配制度　统筹缩小贫富差距

收入分配不公是形成不合理贫富差距的重要推手，应下大力气加以解决。只有从制度上解决收入分配不公问题，才能有效缩小贫富差距。正确处理收入分配不公和贫富差距不断拉大的问题，是经济可持续发展的前提条件，更是我们发展经济的重要目标。

一、收入分配不公导致居民收入差距不断扩大现象向纵深蔓延

改革开放以来，我国经济发展取得巨大成就，人民生活不断改善，社会各群体的收入都有了显著增长，国家财力明显殷实，这一切为共同富裕创造了良好的基础。但是，在经济和居民收入总体向上发展的同时，出现了结构性问题，人们对分配不公的意见越来越多。

2010 年，劳动报酬在初次分配中所占比重偏低，初次收入分配中的不公平问题尤其突出。1993 年至 2009 年，居民的劳动报酬占 GDP 的比重降幅达 10 个百分点。由收入分配不公平导致的居民收入差距不断扩大

现象正向各个方面纵深蔓延，着重体现在以下几个方面。

城乡之间收入差距不断扩大。由于城乡之间人口和土地要素不能自由流动，配置资源更多地倾向于城市，使得农业生产效率低下，城乡居民收入差距不断扩大。1997 年，我国城乡居民收入比为 2.6 ：1，2009 年达到 3.33 ：1。2009 年，我国年收入低于城乡人均可支配收入的人群比例为 62%，这部分人群绝大多数在农村。城乡居民之间的收入差距不断扩大，严重影响城乡之间的协调发展。

地区之间收入差距不断扩大。在城乡居民人均可支配收入排名中，排在前列的通常是东部省（市），排在末尾的通常是西部省（区、市）。我国东、中、西部的居民收入极不均衡，差距明显，东部地区和西部地区的居民收入差距在不断扩大。承担国家生态屏障、粮食基地、资源储备等公共职能的地区，收入偏低。收入分配体系不健全和不合理也在一定程度上推动了地区之间收入分配不公平现象的蔓延。

行业之间收入差距不断扩大。第一产业的劳动报酬显著低于第二产业和第三产业的劳动报酬，第二产业的劳动报酬与第三产业的劳动报酬之间也有较大差距。垄断行业的工资水平不断快速上涨，已大幅超过社会平均水平。行业间收入差距最高达到 15 倍。

群体之间收入差距不断扩大。收入和财富不断向少数群体集中。有研究表明，当前我国最富裕的 20% 家庭的收入占全部收入的比例已超过 50%。《人民日报》2010 年 5 月 19 日的文章指出，我国有 1/3 的职工工资与最低工资标准相接近，绝大多数省（区）职工最低工资标准偏低且远低于当地平均工资。

上述问题是在经济社会发展过程中产生的。经济发展带来了分配不公的副产品，但经济发展所带来的国力强盛又为我们解决这一问题提供了充足的调控资源。要通过科学决策，建立先富帮后富的激励机制，明确先富帮后富的法定义务，强化先富帮后富的社会责任。

二、切实缩小不合理贫富差距顺民意合时宜

以工资为主要收入的大多数中低收入群体与以投资收益为主要收入的少数高收入群体的收入差距不断扩大，特别是当这种差距是由不合理的分配制度和不规范的分配秩序造成时，必然会引起广大民众的强烈不满，直接影响到社会和谐稳定和经济稳步发展。

深化收入分配制度改革，增加中低收入居民的收入，不仅可以有效化解由此引发和形成的社会矛盾，还可以促进经济发展方式的转变。在由主要依靠增加物质资源消耗向主要依靠科技进步、劳动者素质提高、管理创新推进经济增长的过程中，居民收入是重要推手。只有加快缩小贫富差距，形成中等收入者占多数的“橄榄型”分配格局，劳动者素质才有可能普遍提高。

深化收入分配制度改革，切实缩小贫富差距，普遍提高中低收入居民的收入水平，完善社会保障体系，是让全体人民共享改革开放成果的真实体现，是构建社会主义和谐社会的必然要求。中产阶层的壮大，有利于缓和因贫富差距而形成的对立矛盾，形成社会进步合力，促进社会稳定。

收入分配问题是社会经济中的重大问题、焦点问题、关键问题，直接关系到社会的长治久安、经济的平稳发展。政府运用所掌握的资源和力量，通过调控和干预来统筹缩小这种不合理的差距，是执政为民的具

体体现，可以让广大民众切身体会情为民所系。2010 年，社会财富不断殷实，国力不断增强，社会各界对解决收入分配不公的呼声十分高涨，下大力气解决收入分配不公问题正当时。

共同富裕是我们的一贯方针和最终目标，在社会经济发展中，必须牢固树立共同富裕的理念，增强全社会共同富裕的信心。合理的收入分配制度既是和谐社会的核心要求，又是公平正义的具体体现，同时也是走向共同富裕的根本保障。现在出现的贫富差距过度扩大问题，是经济快速发展过程中逐渐积累起来的问题，需要统筹解决，尤其是要深化收入分配制度改革，建立合理的收入分配机制。

三、多途径促进公平分配是统筹缩小贫富差距的必由之路

加大规范收入分配秩序力度，完善市场准入机制

资源垄断、不公平竞争和机会不均等是贫富差距不断扩大的重要原因，要进一步转变政府职能，规范行政许可，规范国有企业职责，规范收入分配秩序，减少行政性垄断和地区性垄断，完善市场准入机制。政府应为人口、土地、资本自由有序流动提供良好的外部环境，深化户籍制度改革、城乡土地使用制度改革、资源价格改革，从根本上消除造成城乡居民收入不合理差距的体制性障碍。通过户籍制度改革，促进劳动力流动，减少就业壁垒，缩小地区之间的收入差异；通过土地使用制度改革，建立城乡统一的建设用地市场，促进土地自由流转，缩小城乡之间的收入差异；通过资源价格改革，促进资源的合理流转，缩小行业之间和地区之间的收入差距，特别是在垄断行业引入竞争机制，进一步打破行业垄断。只有充分竞争，才能减少不合理的垄断利润，形成公平的

收入分配秩序。

扩大中等收入者比重，完善收入分配机制

扩大中等收入者比重的任务是要通过增加居民总收入来完成的。重点要调整国民收入分配格局，提高居民收入在国民收入中的比重，提高职工工资在初次分配中的比重。政府要加强对企业工资的调控和指导，建立健全职工工资形成机制、增长机制和支付保障机制，从制度上确保职工工资不断提高。初次分配与再分配体制应联动改革，通过完善初次分配和再分配机制，使广大居民劳动收入和财产性收入双增长，不断扩大中等收入者队伍。

必须果断切断权力与资本的利益链条，防止权力、垄断、地位、投机成为获取财富的主要手段，鼓励并倡导勤劳致富。只有当劳动成为获取财富的重要手段时，才能真正形成中等收入占多数的“橄榄型”收入分配格局。

有效调节高收入，完善税收调控机制

要充分发挥税收杠杆的调节作用，有效调节高收入群体，切实扶助低收入群体。加强对垄断行业收入分配的调控，特别是要发挥资源税的调节作用，对于土地、矿产、森林等国有资源，其增值收益应由全社会共同均等享有，不应该也不能由占有或使用这些资源的企业坐享其成或独享超额垄断利润。当前，土地、煤炭等已经成为暴富的重要工具，应该引起足够的警觉和关注。

只有建立合理的税收体系，才能对居民收入进行公平的分配和再分配。合理设计个人所得税的税基和扣除项、起征点及税率，扣除项应综合考虑家庭收入、家庭人口、赡养负担等情况，起征点应与物价水平上涨等因素挂钩，税率应体现收入贫富的差异化，减少中低收入人群的税赋，加强对高收入人群的税收征管，调高高收入者的累进所得税率。适时有序开征房地产税，完善资源税，从财产方面调节贫富差距，有效缩小高收入与低收入之间的差距。

切实提高低收入者收入水平，完善社会保障机制

完善相关法律法规，通过法律手段，确保劳动力报酬，特别是低水平劳动力报酬，在合理的水平线之上。以法律法规的形式，明确企业最低工资标准的制定程序和动态公布机制，明确职工所应享受的补贴、保险和福利。正常情况下，最低工资标准应每年调整一次。

在低收入群体中，农民占绝大多数。解决农民收入低的问题，对提高低收入者收入水平及缩小贫富差距至关重要。要积极推进农产品价格改革，完善资源价格和农产品价格机制，促进农业产业化和规模化。加快小城镇建设，加大农业和农村发展投入，协调推进工业化、城镇化和农村现代化，千方百计地增加农民劳动收入和财产性收入，切实减少低收入人群的数量。

完善的社会保障制度是解决失业、疾病、机会不均、资源分布不均等因素带来的贫富不均问题的重要途径。应当建立起全面、适度、公平和有效的城乡一体化的社会保障体系。加强公共卫生体系建设，促进基本公共卫生服务均等化。增加社会保障基金的积累，提高城乡居民最低生活标准，健全失业人员的失业保险制度，建立被征地农民的养老保险制度，完善贫困者的社会救济制度，特别是要解决好保障性住房问题，尤其是低收入住房困难家庭的住房问题，保障居民的基本生活权益。财政性社会保障支出应向低收入人群倾斜。

精心营造机会均等的发展条件，完善公共教育机制

要合理征税，更要合理使用税收，再分配应更加注重公平问题。政府在二次分配中具有举足轻重的地位，应科学决策，把握好分配的原则和调控的力度。税收使用应更加注重公共卫生、公共教育、公共设施等。通过财税收入的转移支付，注重保障设施建设和劳动者素质教育，以提高劳动者创造价值和积累财富的能力，确保低收入者进入中等收入者队伍的渠道畅通。

公平的教育机会是公平的收入分配秩序的起点。一般来说，居民收入水平与其受教育程度总体上是呈正相关的，居民受教育程度越高，获得高收入的可能性也越大。应该稳步增加财政性教育经费在国民收入分配中的比重，合理配置教育资源，保障公民受教育机会均等，完善义务教育制度和机制，教育经费和师资力量应有意识地向经济发展水平落后地区倾斜。努力促进教育公平，教育公平是缩小不同群体贫富差距的重要途径。

一定要重视公共服务的提供和完善，为全社会创造机会均等的发展空间。应鼓励和支持中低收入者创造和积累财富，构建良好的就业和创业外部环境。想方设法提高国民素质和劳动者就业能力。解决就业问题，关键是增加就业岗位，开展就业培训，让贫穷者有变得富有的途径和机会。鼓励并宣传劳动致富，在脱贫和扶贫问题上，应培育并完善致富机制，从根本上摆脱造成贫穷的困境。

（本文原载于《红旗文稿》2010 年第 17 期）

推进收入分配制度改革的着力点

党的十八大报告指出："实现发展成果由人民共享，必须深化收入分配制度改革，努力实现居民收入增长和经济发展同步、劳动报酬增长和劳动生产率提高同步，提高居民收入在国民收入分配中的比重，提高劳动报酬在初次分配中的比重。""两个同步""两个提高"的提出为深化收入分配制度改革、实现国民收入倍增的目标指明了方向。

2013 年，我国居民收入差距主要体现在四个方面：行业企业间差距、城乡差距、地区差距、高管和普通职工差距。解决 2013 年的收入分配问题，主要包括两个方面的问题，即收入分配差距过大和收入分配不公问题。提高居民收入关系到收入分配制度的方方面面，是一个庞大的系统工程。笔者认为，当前，要从以下几个方面有针对性地展开理论研究与实践，积极推动收入分配制度的改革。

制定收入分配改革规划，合理调整收入分配关系。党的十八大报告指出："初次分配和再分配都要兼顾效率和公平，再分配更加注重公平。"这就要求充分发挥国家在调整收入分配结构中的主导作用，摒弃把公平与效率对立起来的观念，在一次分配和二次分配中都要重视公平正义。国家应制定收入分配改革方案，将理顺收入分配关系纳入经济发展战略，有计划有步骤地调整国民收入分配结构，调整的核心就是要促进民富，建设“橄榄型”社会，实施的思路是“限高、保低、扩中”。确保两个提高，即提高居民收入在国民收入中的比重，提高劳动报酬在GDP中所占的比重，保持居民收入增长不低于GDP增长速度，劳动报酬增长与劳动生产率同步。实施居民收入倍增计划，较大幅度地提高居民收入水平，为扩大内需提供支持，为经济发展提供动力。

规范分配秩序，提高“两个比重”。逐步提高居民收入在国民收入分配中的比重，提高劳动报酬在初次分配中的比重，要从初次分配、再分配两个方面来进行。

初次分配阶段要处理好效率与公平的关系。财政收入和企业利润增速快于城乡居民收入增速，是造成国民收入初次分配中财政收入、企业收入占比持续上升而居民收入占比持续下降的直接原因。因此，政府预算收入增长速度应控制在一个合理的、可持续的水平上。同时，进一步深化财税体制改革，使财政收入增速与GDP增速、居民家庭可支配收入增速相协调，确保居民收入占比不再下降。要在初次分配中适当加大劳动要素的分配份额，各级政府要在坚持和完善以按劳分配为主体、多种分配方式并存分配制度的基础上，进一步完善宏观调控体系，规范收入分配秩序，加大对收入分配差距的调节力度，研究资本、管理、技术等要素参与收入分配应当遵循的基本原则。要严格控制经营管理层不合理的收入增长，使各类生产要素的分配格局更趋合理。需要注意的是，提高劳动者报酬在初次分配中的比重与调整产业结构密切相关。劳动者报酬占初次分配比重并非越高越好，如果地区经济欠发达，其经济中资本有机构成较低，即使劳动者报酬占初次分配比重很高，也缺乏扩大再生产能力。因此，要从经济增长过程中的产业结构、社会资本有机构成、就业结构、劳动者报酬占初次分配的合理比重等角度，以提高居民收入、提高劳动要素收入为核心展开研究与实践。

再分配阶段要更加注重公平。国民总收入要进一步通过转移的形式在国内各个经济主体之间进行再分配。初次分配收入经过再分配后形成政府、企业、居民三个不同主体的最终收入。税收与政府转移支付对收入再分配起着最重要的影响。因此，要侧重于从财政收入与财政支出两个方面，发挥再分配活动对收入分配格局的重大调节作用。各级财政应该加大对社保、教育、医疗等民生领域的投入，完善转移支付制度，进一步调整财政支出结构，促进基本公共服务均等化。通过税收和公共支出双向发力，尽快改善我国财税的再分配功能，同时通过社保、教育、医疗体制等配套改革，真正体现出再分配过程中更加注重公平和更加关注民生的要求。

促进农民持续增收，落实惠农政策。坚持不懈抓好“三农”工作，加大强农惠农富农政策力度，加快农业科技进步，努力促进农业增长、农民增收、农村发展。着力促进农民持续增收需要做的工作很多，包括发展现代农业，提高农民的农业收入；促进转移就业，增加农民的工资性收入；保障和改善民生，提高农民的转移性收入；等等。

针对农民收入实际情况，要深化户籍制度改革，让符合条件的农民工进城落户。在此基础上，要逐步建立城乡统一的劳动就业、义务教育、公共卫生、社会保障等体制和制度，把农民工对就业服务、社会保障、义务教育、住房等方面的需求纳入城市公共服务的范畴，保障农民工的合法权益。要建立健全农民工工资正常增长机制和支付保障机制，对农民工工资增长、工资支付等进行法律规范，保障农民工等低收入群体的工资收入能够随着经济的发展而稳步增长，并按时足额发放。加大对农民工劳动权益的保护力度，将农民工的培训纳入财政的支持范围，根据企业用工需求和农村劳动力培训意愿，大力开展多种门类、多种形式的培训，提高农民工的就业技能、法律意识和文化水平，全面提高农民工素质。

建立健全企业职工工资正常增长机制。2013 年，在企业和劳动者之间建立一套行之有效的协商机制，尤为迫切。要深入研究市场经济条件下的劳资关系问题，制定相关的调控政策及措施，积极稳妥地推进企业工资分配制度的改革，着力解决一线工人收入增长滞后于经济发展的问题。要以工资集体协商为重点内容，以非公有制企业为重点对象，大力推动区域性、行业性工资集体协商制度建设。还要引导和规范职业福利，避免由于职业福利水平不均带来的实质性收入水平不均。同时，要加快建立健全最低工资标准正常调整机制。提高职工工资不能仅仅依靠市场机制，还要充分发挥政府的主导作用，根据经济社会发展需要，动态调整最低工资水平，形成最低工资标准正常调整机制，促进最低工资水平持续稳定提高。

加快垄断行业收入分配制度改革进程。一是要放宽市场准入标准，加强行业竞争，进一步放宽垄断行业的市场准入标准，建立公平、规范、透明的市场准入标准，实行投资主体多元化，在能够引入竞争的环节尽可能地引入竞争。二是要调整垄断行业的利润分配格局，建立合理收益分配机制，对资源垄断型企业合理征收资源税，在成本、利润公开透明的基础上，严格审定垄断行业各类产品和服务价格，合理压缩垄断行业的利润空间。三是要加强对银行、保险、证券等非实体经济行业工资和薪酬分配的监管和调控。

加快推进社会保障制度改革，实现公共服务均等化。社会保障属于国民收入再分配，以体现公平为主，政府应发挥更大的主导作用。要加强社会保障制度建设，扩大覆盖面，增加财政投入，提高保障水平。将社会保障重点放在农村，尽快扩大新农保和城镇居民养老保险覆盖面，提高基础养老金水平。在事业单位分类改革的基础上，改革机关、事业单位现行退休金制度，建立机关、事业单位与企业相同的基本养老保险制度，将机关、事业单位与企业退休人员养老金调整同步考虑，逐步消除养老金差距过大的矛盾。推行全民医保制度，仍实行公费医疗的地方要尽快实行城镇职工基本医疗保险改革。加强最低生活保障制度建设，提高最低生活保障标准，加大扶贫救助力度，普遍提高低收入者收入水平。完善政府财政转移支付制度，加大财政对社会保障投入力度，提高社会保障支出占 GDP 的比重，大大增强社会保障实现公平分配的物质基础。

加强税收调节，规范收入分配秩序。建立切实可行的收入监测制度，为健全税收调节等收入再分配机制提供必要前提。逐步提高个人所得税的免征额，加强税收征管，发挥税收对收入分配的调节作用。推动事业单位绩效工资改革，在完善各类工资标准的基础上，清理规范各类津贴、补贴，提高收入透明度。全面实施阳光工资制，取消实物分配，坚决打击取缔非法收入，消除灰色收入，规范收入分配秩序。

（本文原载于《中国党政干部论坛》2013 年第 3 期）

简析新时期农民增收的途径

当前，农业和农村经济存在的问题突出表现在农民收入增速趋缓，这是在农业生产发展、农民生活水平提高和农村社会进步基础上出现的新问题，是农业和农村经济阶段性变化的反映。世纪之交，增大农民增收幅度，是当务之急，我们应通过以下途径加以努力。

一、积极改革农产品流通体制，大力发展农产品流通市场，增加农产品需求弹性

农产品流通的发展和农产品购销活动的加强，既有利于推动农业生产的发展，也有利于更好地满足社会的需要。应实行鼓励发展粮食生产的购销机制和价格政策，改变现行的由国家统一调拨粮食的办法，实现粮食产区和销区直接挂钩，集中订货，逐步形成协调产区、销区双方利益的新机制；对粮食收购实行保护价，并对主要农业生产资料实行最高限价，以保护和调动农民种粮积极性。进一步完善粮食储备制度，发展

粮食市场，实行多渠道流通，同时广泛发展各种农副产品的流通，进一步鼓励和引导农民进入流通领域，建立和完善贸工农一体化的经营机制，形成生产、加工和流通环节紧密相连的产业体系。2000 年农民农副产品“卖难”问题很突出，制约了生产和收入。进一步搞活农产品流通，积极探索产销直挂、连锁经营、配送中心等新的流通方式，尽快形成开放、统一、竞争、有序的农产品市场体系，为农民提供良好的市场环境。根据各类农产品的不同特点和供应状况，采取相应的方式和步骤，改革农产品流通体制。大力培育农民自己的流通组织，提高农民进入市场的组织化程度，加强市场设施建设，完善信息收集和发布制度，向农民提供及时准确的市场信息，扩大销售途径，减少中间环节，使生产者和消费者都得到好处，使农民更多地获得流通过程的利润。应健全市场法规，维护市场程序，反对封锁和垄断。加强农村商业网点建设，改革农业生产资料流通体制，积极开拓农村市场。同时，要引导农村资金、技术、劳动力等要素市场规范发展。

二、调整、优化农业产业结构和经济结构，增加对农业的投入，改善农业基本生产条件

实践表明，凡是农民收入水平低、负担重、增收难的地区，大多数都是农村产业结构调整滞后，第二、第三产业不发达的地区。从产业和产品的层次来说，越是初级产业和初级产品，其社会需求弹性和价格弹性往往越低。越是提高产业和产品的层次，就越能增加市场需求，就越赚钱。因此，要增加农民收入，必须进一步提升和优化农村的产业和产品结构。在农村经济中，应积极增加第二、第三产业的比重。调整和优

化农业结构，必须树立大农业观念，解决好三个层次的关系。一是种植业内部的粮食生产和经济作物生产之间的关系。确保粮食、棉花等经济作物稳定增产，尤其要把粮食生产始终摆在农业的首位，稳定播种面积，提高单产，提高质量，提高商品率。二是农业内部的农、林、牧、副、渔等行业之间的关系。促使多种经营全面发展，努力开发高产优质高效农业。三是农业和工业、商业、运输业、建筑业、服务业等行业之间的关系。农村开发要经济效益、生态效益和社会效益并重，第一、第二、第三产业并重，把农村多余的资金、物资，特别是劳动力，向第二、第三产业转移，全面振兴农村经济，提高产品的质量，积极开发名、优、稀、特产品及绿色产品，以满足市场需要，增加农民收入。调整和优化农村经济结构，要着眼于世界农业科技加速发展的趋势和我国人多地少的国情，适应国内市场，依靠科技进步，发挥区域比较优势，增强市场竞争能力，提高农村经济素质和效益。按照高产优质高效原则，全面发展农、林、牧、副、渔各行业；重点围绕农副产品加工和发展优势产品，调整、提高农村工业，结合小城镇建设，大力发展第三产业。重视对农业资金、物资和劳动力的投入，是提高农民收入的重要环节。对农业的投入，重点应是加强水利和农田基本建设，开展大规模的水利工程、生态工程、农村公路、农村电网和粮食仓储等基础设施建设。发达的水利和优美的生态环境是农业和农村经济的命脉、基础和保障。只有加强水利建设工程、农田基本建设工程和生态工程建设，以增强抗灾能力、减少灾害损失，增加农业发展后劲，才能使农业和农村经济步入可持续发展道路，使农民收入持续稳定增长。同时进一步发展农用工业，加强对化肥、农药和农业机械的供应。增加对农业的投入要发挥两个积极性，既要提高中央和地方的农业投资比重，又要发挥农民作为农业投入的主体作用；鼓励和引导农民增加对农业的资金投入，特别是增加劳动投入，不断改善农业生产条件，逐步建立和健全国家、集体和农民个人相结合的投资体系。国家投入主要用于治理大江大河大湖的骨干工程、农业重点基础设施和商品粮棉基地等建设。农田等生产投入和以农田水利为中心的基本建设，主要依靠集体和农民，特别是依靠农民的劳动积累。

三、采取具体步骤，改革税费制度，理顺财政体制，切实减轻农民负担

农民收入增长缓慢同农民不合理负担重也有关系。农民负担重，已成为影响农村改革、发展和稳定的一个十分突出的问题。农民负担重严重挫伤农民生产与经营的积极性。如果不坚决加以解决，势必妨碍国民经济和社会发展、“九五”计划以及 2010 年远景目标的实现，影响基层政权的巩固，危及国家长治久安。我们必须从政治全局的高度看待这个问题，坚定不移地维护农民的合法权益，坚持不懈地减轻农民负担，禁止非法负担，管理好合理负担，推动农民负担监督管理工作走上法制化、规范化轨道。坚决把农民承担的村提留乡统筹费和劳务费全面控制在国家规定的限额之内，严禁面向农村的乱收费、乱集资、乱涨价、乱罚款和各种摊派，取消一切加重农民负担的达标升级活动，杜绝因农民负担过重引发的严重事件和恶性案件，切实把不合理的农民负担减下来，并长期稳定在政策规定的范围之内。增加农民收入，减轻农民负担，是农村实现小康的基本条件，对开拓农村市场及扩大国内需求，具有重要作用。解决农民增收问题，始终是农业和农村经济工作的一项重要任务。

减轻农民负担要标本兼治，逐步改革税费制度。我国农业长期处于“低税赋，高负担”的状况。因此，必须改革农村税费制度，实行税费分流。完善农业税收政策，加大征管力度，加强税收在组织财政收入、提供农业所需公共物品和调节农村经济中的地位和作用。完善税外规费征收制度，加强监督管理力度，推广农村集体提留的预决算制度、负担卡监督制度和定向审计制度。

四、抓紧实施科教兴农的发展战略，提高农业科技水平，提高农民素质，为农民增收提供根本保证

要发展农业，增加农民收入，离不开科技和教育。科学技术是第一生产力。随着社会发展，科技在社会生产中的作用日益增大，成为现代生产力中最活跃的因素和最主要的推动力。振兴农村经济，开发高产优质高效农业，最终取决于科学技术的进步和科技成果的广泛应用，把农业发展转移到依靠科技进步和提高农民劳动者素质的轨道上来。由传统农业向现代化农业转变，由粗放经营向集约经营转变，必然要求农业科技有一个大的发展。应依靠生物工程、信息技术等高新技术，使我国农业科技和生产力实现质的飞跃，逐步建立农业科技创新体系。要面向农业、面向农村、面向农民，通过试验示范，大力推广先进实用技术，不断提高科技对农业增长的贡献率。农村应大力发展教育事业，进一步壮大农业科技队伍，加强新技术的研究，继续实施以加强农业科技、振兴农业为宗旨的“星火计划”“丰收计划”和“燎原计划”，优先发展教育。科技进步、经济繁荣和社会进步，从根本上说取决于农业劳动者素质的提高和大量农村科技人才的培养。我们必须把教育摆在优先发展的

战略地位，努力提高农民，特别是青年农民的思想道德和科学文化水平，这是实现我国农村现代化的根本大计。发展农村教育的重点是普及九年制义务教育，积极发展实用技术培训、职业教育和成人教育，扫除青壮年文盲，普及科学技术知识。要加强县乡村农业科技推广体系建设，发展农业科技企业，扶持农村专业技术协会等民办专业服务组织。

五、改善农业生态环境，实现农业可持续发展

改善生态环境是关系到中华民族生存和发展的长远大计，也是防御旱涝等自然灾害的根本措施。我们必须正确认识经济发展同人口、资源、环境的辩证关系，经济发展同社会发展的辩证关系，实施经济与社会的可持续发展战略。这就要求我们在农村现代化进程中，加强环境、生态保护，合理开发利用资源。我国农村人口多，人均资源不足，人口文化素质不高，人口增长过快，这必然影响人民生活的提高和生产的发展。从某种意义上来说，要想使农民增加收入，最根本的途径就是减少农村人口。所以，必须使人口的生产与物质资料的生产保持一定的比例关系，两者协调发展。而我国人均资源严重不足，加上粗放经营方式，造成资源大量浪费。因而，必须依法大力保护并合理开发、利用耕地，减少浪费，改善生产条件，保护生态环境。在我国广大农村地区推广生态农业，其目的是实现优质、高效、低消费农业。生态农业实际上就是利用人、生物和环境之间能量转化和生物之间相互规律，合理利用当地资源，建立一业为主、综合发展、等级转化、良性循环的高效无废料系统，达到能量转化率最高、物质产出率最高、资源保持最好、经济效益最佳的目的。另外，还要发展高科技农业，以解决人口增长、经济增长同土地有

限的矛盾。如利用遗传工程技术，可以设计和培养能适合盐碱地、荒滩、高纬度、高海拔地带种植的农作物品种，扩大可耕地面积；可以有选择地设计和培养既有优良性状又有抗病虫害能力的农作物品种，实现农业可持续发展。

六、继续发展乡镇企业，提高城市化水平，促进农业剩余劳动力向第二、第三产业和城镇转移，是增加农民收入的根本途径

增加农民收入的根本措施和出路在于加快农业劳动力向非农产业转移。乡镇企业是推动农村经济发展的主体力量，是农村经济的重要支柱和国民经济的重要组成部分，积极发展乡镇企业是繁荣农村经济、增加农民收入、促进农业现代化和国民经济发展的必由之路。要持续贯彻“积极扶持、合理规划、正确引导、加强管理”的方针，坚持不懈办好乡镇企业。今后要把乡镇企业提高到一个新水平，引导乡镇企业进一步调整结构，提高产品质量，提高经济效益，保持与整个国民经济协调发展。农业和乡镇企业应互为依托，因地制宜，采取亦工亦农，离土不离乡等多种形式，吸纳农村富余劳动力。乡镇企业经营发展方向，应主要发展利用当地原材料的农副产品加工和建筑材料等工业，发挥劳动密集和传统工艺的优势，努力发展为大工业配套服务的产品和出口创汇产品。同时要引导乡镇企业参加或组建企业集团，对符合条件的外向型企业集团赋予外贸进出口权，鼓励其参与国际竞争。进一步加强乡镇集体企业经营管理，稳定和完善企业经营承包制，并引导农村个体经济、私营企业健康发展。当前乡镇企业正处于结构调整和体制创新的重要时期，对乡镇企业要积极扶持，合理规划，分类指导，依法管理。乡镇企业要结合

整个工业结构调整，加强技术改造和企业管理，提高产品质量，增强竞争能力。应积极推进乡镇企业改革，放手让群众从实际出发，探索和选择企业的经营方式和组织形式，增强企业活力，调动投资者、经营者和劳动者的积极性，确保集体资产保值增值。通过体制创新、管理制度创新和结构调整，将有助于乡镇企业在 21 世纪再次腾飞，使农村居民大幅度增收。发展小城镇，是一条符合中国国情的农村工业化和城镇化道路，对于扩大内需、开拓市场、增加农民收入具有重要的现实意义。发展小城镇要坚持科学规划、合理布局，要以县城为中心，以经济繁荣的建制镇为重点，有计划、有步骤地加快小城镇建设；要搞好基础设施建设，积极稳妥地推进小城镇户籍制度改革，完善社会保障体系，提高社会管理水平，推动小城镇健康发展。总之，促进我国农村经济的发展、提高农民的收入是一项极其重要而又艰巨的任务。中国改革开放的深入与现代化建设的延续都迫切要求农村经济的稳定与发展、农民实际收入的不断增加，尤其在世纪之交的今天，我们决不能忽视或低估农民收入减缓这一现象。能否抓住时机、大力提高农民收入是关系全局的大事。因此，在农村经济发展取得巨大成效的同时，我们仍应看到尚存的不足，继续做出不懈的努力与相应的调整。唯其如此，中国才能在新世纪昂然屹立于崭新的不败之地。

（本文原载于《理论月刊》2000 年第 4 期）

加入 WTO 后我国失业问题及治理对策

失业问题是经济发展过程中的重要问题之一，在经济发展周期演变的过程中经常出现。失业问题的出现及恶化会对经济和社会造成负面影响，进而危及社会的稳定和执政党的政治地位。近年来，世界范围内面临着一场失业危机的考验。因此，保持较快经济增长速度，提高国民生产总值，实现充分就业，是各国政府所要解决的重大现实问题。

一、由凯恩斯失业理论看我国当前失业现象

失业人员是指在劳动年龄内有劳动能力，目前无工作，并以某种方式正在寻找工作的人员。所谓有劳动能力，是指失业人员具有从事正常社会劳动的行为能力，在法定劳动年龄内的人员，若不具备相应的劳动能力，也不能视为失业人员。不能将那些目前没有工作，而且没有工作要求的人视为失业人员，因为这部分人自愿放弃就业权利，已经退出了劳动力的队伍，不属于劳动力，也就不存在失业问题。

失业是一种社会经济现象。劳动力资源是经济资源的重要组成部分，就业岗位的竞争是劳动力资源实现优化配置的必要前提。根据产生的原因，失业可分为四种类型：第一种是诺贝尔经济学奖得主、美国芝加哥大学经济学家费里德曼所定义的“自然失业”；第二种是指由于劳动者所要求的实际工资太高而导致的“古典失业”；第三种是凯恩斯所称的有效需求不足的失业，也即“非自愿失业”；第四种是刘易斯有关发展中国家的二元模型中提出的因资本要素不足而造成的失业。

失业的代价是高昂的，失业导致了部分劳动力资源的闲置和浪费，使生产规模缩小，经济增长放慢，政府税收减少，社会福利支出增加，财政负担加重。失业还使人们的收入减少，令失业者遭受贫困和精神痛苦。同时，过高的失业率还会影响社会的安定，进而产生其他的社会问题。

英国经济学家凯恩斯在其名著《就业、利息和货币通论》（简称《通论》）中强烈反对传统学者所信奉的就业理论，以及由此而产生对付失业危机的态度，他企图推翻传统的有关就业理论赖以组成的劳动市场论、利息论和货币论，并且提出他治理失业危机的对策。

凯恩斯指出，当有效需求不足时，就会存在着劳动力的就业需求不足。也就是说，人们愿意接受低于现行实际工资的工资而劳动，但却仍处于失业状态。因此，随着有效需求的增加，就业量会增加，一直达到一种状态，在该状态下，没有更多的劳动者愿意为这时的实际工资而劳动。也就是说，除非货币工资（在此以后）上升得比价格要快，否则没有更多的劳动者愿意从事劳动。在凯恩斯看来，一个社会的总产量、国民收入和就业在短期中是大致等价的概念。凯恩斯认为如果要达到充分就业状态，就必须提高国民收入，进而解决失业问题。凯恩斯治理失业问题的策略是使消费倾向、资本边际效率和利息率的数值处于能维持充分就业状态，主张国家必须直接进行投资来使社会的投资量等于充分就业条件下的储蓄量，以便解决失业问题，并进一步提出“投资社会化”的主张。凯恩斯主要通过流通领域来对失业问题进行分析，他以为只要在流通领域提供足够的购买力，便能解决失业问题。

纵观中国经济发展历程，进入 20 世纪 90 年代，国民生产总值的增长率从 1994 年的 11.8% 持续下滑至 2001 年的 7.6%，失业率则从 1994 年的 2.8% 攀升至 1999 年的 9.3%，个别地区 2002 年达到 20%。1994 年，社会总需求膨胀，通货膨胀率高达 24.2%，企业开工充分，失业率只有 2.8%；但是市场价格普遍持续上扬，资源配置失调，政府因而被迫采取紧缩的货币政策，成功地抑制了总需求，虽然增长率略有下降，失业率略有提高，但是通货膨胀率大幅度下跌至 1997 年的 0.8%，成功地实现经济“软着陆”。但是，1997—1998 年的长江洪涝灾害，以及随后的亚洲金融危机，对我国国民经济产生负面影响。

2001 年，美国“9 · 11”事件导致全球经济增速减缓，我国出口量锐减，总需求持续低迷，增长率下滑至 2002 年的 7% 左右，城市失业率攀升至 2001 年的 9.5%，农村剩余劳动力更难以计算。

另外，随着从传统计划经济向市场经济的体制转轨，国有企业“减员增效、下岗分流”也使企业内部“隐性失业”显性化，从而导致我国 2002 年失业率骤高。

根据凯恩斯在《通论》中提出的“非自然失业”理论，我国

2002 年失业无疑具有类似“凯恩斯式”失业的特点。凯恩斯提出，所谓非自愿失业，就是工人被强制离开他们的供给曲线，失业不是因为在现有的工资水平他们不愿意就业，而是因为市场萧条，企业通过解雇工人来对付产品的滞销。要恢复到充分就业，必须提高全社会有效需求。

针对 2002 年需求疲软、失业率上升的情况，我国政府已经交替实施了扩张的货币政策与积极的财政政策，以及西部大开发、三峡工程等重大公共工程，通过扩大内需，刺激总需求，复兴经济，缓解失业。因而，周期性失业及隐蔽性失业引起的失业率攀升，将会随着宏观调控政策有效实施得到逐步缓解。

二、我国当前失业现象的经济理论分析

加入 WTO 将使我国 GDP 增加 2.9%，而 GDP 每增加 1%，就可以增加 400 万左右个就业机会，这对解决我国失业问题有着十分重要的意义。加入 WTO 以后，中国劳动密集型产品出口将有较大增长，必将带动相关产业生产规模的扩大和劳动力需求的旺盛。外资进入中国的速度也将加快，外商投资的增加必将推动中国经济增长，为我国增加就业机会提供了有利条件。

中国加入 WTO 后，从长远讲有利于经济增长，也有利于就业。但加入 WTO 之初，农业等产业及国内企业将受到一定程度的冲击，就业矛盾更加突出。加入 WTO 后，第一产业就业机会将会锐减；第二产业内相关行业就业结构会有较大调整，就业总量将有所下降；第三产业面临重要发展机遇，但就业机会没有相应增加。加入 WTO 初期，随着

贸易壁垒的下降，中国即将进入一个更开放、竞争更激烈的经济发展阶段，技术进步对劳动力的替代作用增强。同时，由于外部竞争的加剧，大量隐性失业会转变为显性失业，就业矛盾有可能加剧，失业总量可能增加。

加入 WTO 后，我国产业结构的重大调整给就业带来巨大冲击，一部分以进口替代为目标发展起来的资本、技术密集行业，如汽车、冶金、化工等，因缺乏国际竞争力将出现大量失业现象。2002 年，国内许多学者提出了我国可能面临加入 WTO 后的失业危机考验，我国政府也深刻地认识到了解决失业问题的紧迫性。导致我国当前失业问题的主要经济原因如下。

我国市场经济体制还没有完全建立起来

我们仍处于向完善市场经济体制过渡的过程中，市场体系仍不健全，企业，特别是国有企业，还没有成为真正的市场经济主体。我国经济发展的方式主要还是粗放式、外延型。而且由于政企不分，企业不能根据市场发展的趋势来适时调整自己的产品结构和管理模式，企业不能适应激烈的竞争，产品大量积压，生产下滑，从而导致大量工人下岗和失业，产生大量的隐性失业现象。旧体制不仅对下岗工人有事实上的终身就业承诺，还通过低工资对他们的一部分劳动贡献进行了“提前储蓄”。但 2002 年下岗工人再就业很难，政府和企业也很难对他们的“提前贡献”予以补偿。

政策、法律监督检查制度仍有重大缺陷

政企不分是企业缺乏活力的原因之一，但也与各项政策法律监督制度的缺陷分不开。近几年来，地方政府为获得短期的政绩，不顾市场经济规律盲目上项目，搞重复建设，造成大量的资源浪费，大量的宝贵建设资金被锁定在一些“门面工程”“形象工程”上，影响了经济增长，影响了宏观政策对失业问题的治理。

2002年失业问题的产生与“九五”期间政府的“双紧缩”政策有关

1990年，出现市场疲软后减低了经济的增长速度。为了保证经济尽快增长，政府采取了增加货币投放量的政策，到了1995年，整个经济热到了高点，也实现了充分就业，但却产生严重的通货膨胀现象。为了治理通货膨胀，政府出台了财政货币双紧政策，并被确定为“九五”时期经济发展的基本政策。从1996年开始，连续几年货币投放量减少造成价格水平的持续下降。再加上固定资产紧缩，使各种生产资料和劳务价格下降，经济增长速度大大降低，失业率不断上升。

社会保障体系的滞后

我国原来的社会保障问题由单位解决，随着市场经济的进一步深化，原有的单位体制发生了很大变化。原来是单位办社会，后来单位逐渐退出社会保障体制后，社会一时没有有效地承担起来。许多失业人员现在既不能靠单位也不能靠社会解决自身困难。

国际经济一体化的影响

近几年西方经济发展缓慢导致我国对外经济贸易的数量急剧下降，外汇大量减少，我国对西方商品和劳务输出大面积减少。外贸需求的减少直接影响到国内市场的需求状况，减慢了我国经济增长的速度。同时，外国投资存在结构性的缺陷，投资于第三产业偏多，而投资于农业、交通、能源等基础行业的则不足10%；投资于沿海地区偏多，而投资于中西部的偏少。这一现象加剧了我国产业结构和地区结构的矛盾，也是我国西部地区失业问题更加严重的重要原因之一。在我国当前就业形势下，如果一定的经济增长不能带来就业岗位的相应增加，这种增长就没有实质意义。各级政府调整经济结构时，一定要注意兼顾劳动密集产业、资本密集产业、技术密集产业的协调发展与合理布局，对就业贡献大的产业和企业要多加关注。

三、我国治理失业问题的公共政策

美国经济学家阿瑟·奥肯于1962年提出了一个引人注目的新发现，它证明了失业率与实际国民生产总值增长率之间的精确联系，即失业率每增加1%，实际国民生产总值会减少2.5%左右；如果要使失业率降低1%，国民生产总值就必须增长约2.5%。这一发现被现代经济学理论称为“奥肯法则”，奥肯法则描述了产出市场和劳动市场之间极为重要的关系，使政府能够计算出短期内国民生产总值与失业率的变动关系。同时，它也为一个国家经济增长与福利支出规划的制定，提供了一个统计资料上的依据。

过去一段时期，我国的就业弹性系数一直在降低。20世纪80年代，GDP增长1%，拉动就业0.33%，到“九五”时期，降低到0.16%，“九五”末期已在0.1%以下。经济增长对就业增长的带动力正在减弱。我国加入WTO以后，在2000年到2010年的10年间，就业弹性会比20世纪90年代平均提高50%，达到0.15%左右，即GDP增加1%，就业总量增长0.15%。我国政府从1999年以来采取了一系列的政策措施来治理失业问题。但是，鉴于我国经济发展的复杂性、长期性、艰巨性，制定公共政策时要为市场经济的建设创造一个良好的社会政治经济环境和政策法规体系，实现低失业率条件下的经济持续增长。后 WTO 时代我国政府应该加大工作力度，以提高全社会就业水平。

建立失业者再就业的动态运营机制

我国是一个发展中国家，经济发展水平低，财力不足，很难实行高度保护的失业保障体制，失业保障主要用来保证失业者的基本生活。2002 年政府主要是建立一个既能保证失业者基本生活要求，又能激发失业者寻求再就业的积极的失业保障体制。政府不能把对失业者的高度保障作为发展目标，而应该走再就业培训为主导、兼顾失业者基本生活保障体制的工作机制。

在我国，以家庭、亲友为基础的保障功能比较发达，这也是我们 2002 年虽然在统计数字上有相当规模的失业人口，但是处于生活绝对困境的失业者并不多的一个重要原因。加入 WTO 以后，政府应加大建立完善的社会保障体系的力度，从而有效解决失业问题。

规范政企关系，加快国有企业改革步伐，提高企业效益

国有企业不能作为真正的市场主体来参与市场竞争是政企不分的重要后果。政府与企业各自的角色在市场经济活动中一定要正确定位，这样才会使企业有更强大的竞争力。由于企业特别是国有企业长期存在效益差、成本高的问题，企业负债率居高不下，普通企业达到了 70%，上市公司也达到 60%。

企业效益的下降导致劳动力失业问题越来越严重。从政府公共政策的角度来看，抑制企业亏损面大、负债率高、失业现象严重的问题，不单是企业自身的问题，还与整个经济环境、政企关系有关。如何提高国有企业的经济效益，从而带动内需，减少失业人员，是一项紧迫的工作。

加大对非公有制经济的支持，加快中小企业发展，加大扶植中小企业力度

2002年我国非公有制企业在政策、信贷等方面都不能得到与国有企业同样的待遇，例如，2002年1300家上市公司中，非公有制成分相当低。国有企业部分领域的垄断状况还远远没有被打破，造成市场竞争不充分，同时也使得这部分国有企业在获得高额利润的同时忽视技术改造和技术创新，管理落后，人均利润值与国外相比仍然很低。后WTO时代我国政府在加快改革的同时，必须加大对非公有制企业的支持，制定公平合理的竞争规则，创造一个公平竞争的市场秩序。鼓励市场竞争，提升非公有制经济的竞争力，使其容纳更多的就业劳动力。到2001年底，全国中小企业已超过1500万家，占全国企业总数的90%，产值和利税分别占65%和42%，提供了80%以上的就业机会，已经成为市场经济最活跃的经济主体，是解决失业问题、创造社会财富的重要途径。当前政府对中小企业的扶植是投资小、见效快的有效途径，并且对解决失业问题、下岗问题起到很大作用。政府应进一步鼓励中小企业发展，在税收和融资上给予支持，给中小企业的创立、发展创造一个宽松、良好的政策环境。

加快小城镇发展步伐，鼓励劳动力从农业向非农业流动

我国2002年农业人口占到70%左右，要减少广大农村地区的失业劳动力，一个切实可行的办法就是加快城市化步伐，加快建设小城镇。小城镇的发展会带动一系列第三产业的发展，如教育、电信、金融、医疗等项服务，并且创造大量的就业机会，可以吸收农村过剩的劳动力，从而可以扩大国内的需求，提高社会总体价格水平。

政府要积极鼓励劳动力从农业部门向非农业部门流动，从农村向城市流动，从低劳动生产率部门向高劳动生产率部门流动，从欠发达地区向发达地区流动，促进劳动力要素合理流动，运用市场机制重新配置劳动力资源，通过优化就业结构，达到经济增长和就业增长的双重目标。加入 WTO 以后，短期内农业由于竞争的加剧会产生更多的失业和结构性产品过剩。但从长远来看，有利于我国市场机制的完善和农业企业国际竞争能力的提高，将对我国治理农业问题产生积极作用。

通过以上各项经济政策的实行，不断扩大内需，刺激经济增长，是我们运用公共政策治理失业问题应坚持的根本指导原则。

（本文原载于《唯实》2002 年第 8 期）

第四章
金融问题思考

购买力平价理论与人民币升值论

购买力平价理论是现代汇率决定理论的一块重要基石，它有两种表现形式，即绝对购买力平价说和相对购买力平价说。绝对购买力平价说认为，一国货币的价值是由单位货币在国内所能买到的商品和劳务的量决定的，即由它的购买力决定的，两国货币之间的汇率可以表示为两国货币的购买力之比。相对购买力平价说认为，汇率的升值与贬值是由两国的通货膨胀率的差异决定的。绝对购买力平价理论和相对购买力平价理论各有其适用范围，绝对购买力平价理论用来说明汇率的决定，相对购买力平价用来解释汇率的变动。

近年来，人民币汇率问题一直是一个热点问题。自 2005 年人民币汇改以来，人民币坚持了小幅、渐进的升值步伐，以市场供求为基础、参考一揽子货币进行调节、有管理的浮动汇率制度逐步形成。在全球金融危机期间，人民币保持了币值的稳定，展现出我国负责任的大国形象和讲诚信的大国风范。然而个别发达国家的某些人却不顾事实和真相，动辄以“汇率操纵”为由向中国发难，要求人民币升值。被这些人歪曲利用的理论中就有“购买力平价理论”。

一、基于购买力平价理论对人民币汇率的估算明显不合理

和其他经济理论一样，购买力平价理论的运用也存在着严格的假设前提。首先，购买力平价理论是在纯粹理想状态下的无贸易壁垒、运输成本、外汇管制的开放经济环境下推导出来的，而现实世界经济运行条件却与之相去甚远。其次，购买力平价理论是从货币层面因素分析汇率问题的，它从国际贸易角度出发，假定只有物价影响汇率，而忽略了其他因素，比如，利率、国际收支、货币供应量、财政政策、外汇市场干预、热钱流动等等。实际上，在中短期内，国际资本流动对各国汇率的影响，远远大于购买力平价。再次，购买力平价理论不考虑资源禀赋问题。我国是劳动力资源禀赋充裕的国家，2011 年产业结构还是以劳动密集型为主，相对充裕的劳动力资源使得工资水平较低，与之相对应的是较低的物价水平，特别是劳动密集型产品价格很低。因此，不能以此就说人民币购买力很强。在现实中，影响汇率变动的因素众多，特别是因贸易壁垒和非贸易壁垒引起的国际市场的分割及交易成本，直接导致基于购买力平价前提条件的公式在现实生活中不能简单套用。

近些年来，有些人机械、生硬，甚至是预设结论地利用购买力平价理论对人民币的购买力进行计算，错误地得出人民币被低估 5%~10%，甚至 40%~50% 的结论。但是，他们在购买力平价汇率的计算上明显存在不合理和不科学的地方。

首先，由于各国社会经济发展水平、消费水平、消费习惯及其他各方面的差异，购买力的实际测算面临许多尚未解决的难题。比如，商品

和服务代表性和可比性之间难以协调一致；各国不同的支出结构对购买力也会产生较大的影响；不同的统计汇总方法也会产生不同的比较结果，等等。

其次，在测算过程中，很难符合购买力平价理论中对不同国家价格水平计算的苛刻要求，根据不完整和不充分的数据计算，所得的购买力平价很难与真实结果一致，恰恰可能会有很大的出入。

最后，国际组织测算的购买力平价所反映的范围和决定汇率因素的范围各不相同，因此两者没有可比性。国际组织所测算的购买力平价包含了各国之间国内生产总值所有商品和服务的价格对比关系，而汇率只反映国与国之间贸易品部分的价格比率，显然缺乏可比性。从现实经济运行角度来看，2011 年，中国经济承受着较大的通货膨胀压力，农产品、水电资源、服务类商品、用工成本等不断提高，居民消费品价格指数（CPI）持续高位运行。并且，由于美国采取了第二轮定量宽松的货币政策，这种变相的货币贬值政策使得原油、粮食等国际大宗商品价格持续走高，加剧了我国通货膨胀的压力。如果按照购买力平价的有关理论，人民币应该贬值，但人民币在过去一年中对美元的汇率却不断创出新高。所以，如果个别发达国家仍然以人民币被低估为由向中国发难，显然是毫无道理和极不合理的。从某种意义上看，问题的症结不是人民币被低估，恰恰是美元因人为滥发而被刻意低估。

二、人民币升值对我国的经济发展利弊并存

一国物价水平的整体变动是一个长期过程，购买力平价理论对于短期汇率变动的解释能力是有限的。但是，购买力平价理论对于预测汇率

变动的长期趋势还是有合理性的，应该引起充分重视。就我国而言，改革开放以来，经济发展速度始终处于世界前列，劳动生产率不断提高，单位商品价值下降，而且我国的通货膨胀率基本上处于一个较低的可控水平，使得人民币始终保持较强的购买力，国际认可度也越来越高。所以，从长期来看，人民币升值是在所难免的，毕竟货币是一个国家综合国力的体现。人民币升值对我国的经济发展利弊并存，须综合取舍。人民币适度升值的好处体现在以下几个方面：

第一，人民币适度升值可以缓解输入型通货膨胀的压力。当人民币升值时，在国内市场上，以人民币计价的进口商品，特别是燃油、粮食等大宗商品的价格将会相对下降，可以缓解国际市场价格上升造成的输入型通货膨胀压力。

第二，人民币适度升值可以促进我国产业结构的优化升级。我国2011年的产业结构还是以劳动密集型为主，特别是出口商品以劳动密集型为主，产品附加值低。人民币升值将使得这种低成本策略难以为继，促使我国产业结构优化升级，由劳动密集型向资本密集型、技术密集型、知识密集型转变，占领国际分工的制高点。

第三，人民币适度升值可以促使外汇储备更有效地利用。人民币适度升值，可以使国内居民用人民币换得更多的外币，使得居民出国旅游、留学的成本下降，从而间接地实现了外汇储备藏富于民。另外，专注国内市场的企业也可以换得更多的外汇，利用外汇大胆地走出去，开拓国际市场，实现我国外汇储备的良性利用。

以上谈到的人民币升值带来的好处，是在人民币适度、稳健升值的情况下才会产生的。2011年，人民币已经持续稳定升值，人民币对美元汇率屡创汇改以来的新高，但是个别发达国家仍以中国贸易顺差为由逼迫人民币快速大幅升值。实际上，人民币汇率不是中国贸易顺差的主要原因。对此，温家宝同志曾经指出："贸易不平衡是全球化条件下的结构性问题，不要把它政治化，我们的目标是追求平衡、可持续的贸易，绝不追求顺差。"如果人民币过快地升值，那么由升值所带来的弊端将会被严重放大，对我国经济和世界经济都将产生不利影响。就像温家宝同志所说的那样，如果人民币汇率不稳定，企业就会不稳定，就业就会不稳定，社会就会不稳定，如果中国经济和社会出现问题，将会给世界带来灾难。

第一，人民币过快升值将严重影响我国外贸出口。据估算，中国很多出口企业利润率很低，只有2%~3%，最高只有5%，如果人民币汇率升值20%~40%，中国出口企业将大量倒闭。而我国的产业结构升级需要一个过程，短期内，以低成本低利润占据国际市场的出口贸易格局难以快速改变。在全球金融危机的影响还未消退，外需依然不足的时期，人民币升值使得短期内出口企业的利润率下降，对于原本利润率就极低的外贸企业来说是雪上加霜。

第二，人民币过快升值可能引发热钱大量流入。当人民币有一个不断升值预期时，国际套利的热钱就可能流入我国，对我国的货币市场、资本市场和房地产市场产生冲击，引起资产泡沫的产生，加剧我国经济的波动性，这就进一步增加了我国调控宏观经济、抑制资产泡沫的难度。

第三，人民币过快升值会对我国就业市场带来整体压力。由于人民币升值促进的产业结构升级，使得生产的机械化、科技化程度提高，根据马克思的资本有机构成理论，企业吸纳就业的能力会相对下降，这就对我国的劳动力就业产生压力，从而对宏观经济产生不利影响。这种就业压力不仅仅是对于外贸出口企业而言，以国内为主要市场的企业也会因为出口萎缩带来就业下降、收入下降而受到需求上的影响，从而导致整体上劳动力需求的下降。

某些人认为美国贸易大幅逆差、经济失衡是由于人民币汇率低估所造成的。其基本逻辑是：人民币汇率低估造成中国对美国持续的贸易顺差，导致美国企业出口利润萎缩和失业增加，进而致使美国经济复苏乏力。所以，他们不考虑中国及世界整体利益，认为人民币无论如何都应加快升值。显然，这种说法是荒诞的和不负责任的。

首先，导致中美贸易逆差的关键因素在美方。人民币汇率并非导致美国贸易逆差的主要因素，而在于美国自身存在的诸多问题。例如，尽管中国希望进口美国的高技术产品，试图改善贸易顺差的状况，但始终未果。长期以来，美国为了限制高技术产品向中国出口，设置了重重贸易壁垒，如今反而倒打一耙，指责中美贸易不平衡是由人民币汇率低估造成的。又如，美国国内的低储蓄率问题，美元作为主要国际储备货币但没有很好履行相关责任等问题，都没有得到根本解决。

其次，中国的贸易顺差主要来源于加工贸易顺差。在中国贸易顺差中，大约 80%~90% 是加工贸易产生的顺差，而外商投资企业是加工贸易的最大经营主体并创造了这部分顺差。随着全球经济分工深化与资源优化，全球制造商将其劳动密集生产环节转移到中国，通过进口零部件和原材料经过加工装配将制成品销往美欧等发达国家和地区。从 20 世纪 90 年代开始，有相当一部分东南亚国家的贸易顺差，随着加工贸易的转移而转变成为中国对美国的顺差，美国对中国的贸易失衡在很大程度上是过去对新兴市场国家贸易失衡的延续。实际上，中国国内经济，即国内企业主导的部分，并不存在贸易不平衡的问题。中国的贸易顺差只不过是产业全球化及中国积极参与国际产业链大趋势下的附带结果，并不能说明人民币汇率是被低估的。

再次，中美的两国贸易统计方法存在差异。造成中美贸易不平衡问题的原因是多方面的，两国贸易统计方法差异是其中一个重要原因。美方使用的国际贸易统计方法大大高估了对华贸易逆差。这种高估主要表现在四个方面：一是对进出口使用不同统计标准，进口货值被高估，而出口货值则被低估；二是由于美方未考虑增值的因素，将通过第三方中国商品对美转口全部算作从中国的进口，与此同时又将美国商品通过香港等对华转口忽略不计，对华贸易逆差被进一步夸大；三是美方在统计对华贸易逆差时只计算商品贸易，而不包含服务贸易；四是许多中国商品是通过美国转口到加勒比和拉丁美洲地区的，但美方将这部分转口计入了中国对美国的出口。

三、如何应对人民币升值的压力

从 2011 年中国和世界经济发展态势来看，在“十二五”期间，人民币存在着较大的升值压力，人民币持续升值在所难免。面对这样的状况，我国应该如何应对？怎样尽量放大人民币升值的好处而避免升值的弊端？对于这个问题的回答，不仅仅牵涉人民币汇改本身，更与整个中国努力扩大内需、提高对外开放水平相关。“十二五”规划中提出，实现经济社会又好又快发展一个的基本要求是，“国际收支趋向基本平衡，经济增长质量和效益明显提高”；要“适应我国对外开放由出口和吸收外资为主转向进口和出口、吸收外资和对外投资并重的新形势，必须实行更加积极主动的开放战略，不断拓展新的开放领域和空间，扩大和深化同各方利益的汇合点，完善更加适应发展开放型经济要求的体制机制，有效防范风险，以开放促发展、促改革、促创新”。沿着这个思路，可以得到以下几点政策建议。

第一，健全汇率形成机制，改善汇率政策环境。在当前的汇率制度基础上，进一步完善人民币汇率形成机制。在坚持当前有管理浮动汇率政策中，要做到渐进、双向、稳中爬升，适当扩大浮动区间，保持人民币币值的基本稳定。同时，与货币政策、财政政策和产业政策协调搭配，并进行金融体制改革，逐步完善汇率市场化形成机制，通过市场机制实现汇率水平的改革。

第二，逐步放松外汇管制，完善外汇管理体制。系统推动外汇管理体制改革，构建服务高效和风险可控的外汇体制。一方面，要提升外汇管制水平和世界经济预警监控能力，制止热钱的流入，防止热钱的过度投机行为。另一方面，要鼓励企业进行海外投资，加快实施“走出去”战略，引导各类所有制企业有序到境外投资合作。再一方面，逐步发展我国大型跨国公司和跨国金融机构，提高国际化经营水平；优化外汇储备投资结构，把外汇储备变成实实在在的优质股权、债权、资源等，减缓人民币升值的压力。

第三，优化对外贸易结构，延长国内增值链。继续稳定和拓展外需，保持现有出口竞争优势，加快培育以技术、品牌、质量、服务为核心竞争力的新优势，延长加工贸易国内增值链，推进市场多元化，大力发展服务贸易，促进出口结构转型升级。发挥进口对宏观经济平衡和结构调整的重要作用，特别是利用好巨额外汇储备，注重对我国紧缺资源、能源、粮食等大宗商品及高新技术产品的进口，促进贸易收支基本平衡。

第四，加大生产要素市场化改革，促进要素价格合理变动。中国要素市场价格由于政府管制，远低于国际市场价格。加大要素市场化改革并不意味着单纯地提高要素的价格，而是要使得要素的价格能够真实反映市场需求和环境成本，允许要素价格的双向波动，并且当要素价格上涨时给予困难群体补贴。要素价格市场化改革是我国市场经济体制改革的重要方面，也是我国走新型工业化道路的一个客观要求。随着市场需求和环境成本的提升，要素价格会缓慢地上涨，这会降低人民币的国内显性购买力，在一定程度上会缓解人民币升值压力。

第五，积极参与全球经济治理，深化区域合作。提高我国在世界银行、国际货币基金组织的话语权，推动国际经济体系改革，促进国际经济秩序朝着更加公正合理的方向发展。推动建立均衡、普惠、共赢的多边贸易体制，使我国国内规则和 WTO 同行规则相衔接，反对各种形式的保护主义。引导和推动区域合作进程，加快实施自由贸易区战略，深化同新兴市场国家和发展中国家的务实合作，增加对发展中国家的经济援助。

第六，着力扩大内需，减少外贸依存度。我们要把经济拉动力从投资、出口两驾马车转变为消费、投资、出口三驾马车。这就要求我们不断完善收入分配体制改革，增加居民收入，让人民共享改革发展成果。我国人口众多，市场广阔，伴随着收入分配改革和各项民生改革的不断完善，我国内需市场将成为世界上最有潜力的市场。我国许多外向型企业应该借产业结构优化升级的过程，着力开拓国内市场，逐步把重心转移回国内市场，减少外贸依存度，从而降低人民币升值带来的不利影响。

综上所述，假借购买力平价理论要求人民币快速升值是不合理的，但是从长期来看，购买力平价理论解释人民币价值的走向还是合理的。人民币不会因为任何国家的压力而被迫升值，但是人民币会随着中国经济的发展逐步升值，这应该是一个缓慢升值的过程，否则会给实体经济带来严重的负面影响。我们要做好人民币持续升值的准备，在科学发展观的指引下，转变经济发展方式，健全外汇政策决策机制，改善外汇政策的传导机制和环境，这样才能避免人民币升值给实体经济带来的负面影响。

（本文原载于《红旗文稿》2011 年第 10 期）

中国股市作为“经济晴雨表”的失灵及其重塑

作为资本市场的核心组成部分，股票市场被普遍认为是反映一国宏观经济走势和变动的“晴雨表”。20 多年来，我国以股市为代表的资本市场，经历了从无到有、从小到大的过程，在拓宽融资渠道、促进资本形成、优化资源配置、分散市场风险等方面发挥了积极作用，有力推动了实体经济的发展，成为支持我国经济社会持续健康发展的重要平台。但是，由于我国股票市场存在着诸多不完善，这块“晴雨表”常常失灵。在过去 20 多年中，中国国民经济稳步增长，股票市场行情却经常与国民经济良好的发展态势相背离。这种现象值得我们去认真思考，必须深刻剖析、探究现象背后的深层次原因，对症下药，最终重塑好这块“经济晴雨表”，更好地为我国经济社会持续健康发展服务。

一、国外股市作为“经济晴雨表”的表现

“股市是经济晴雨表”，这一论断在国内外市场人士中流传极为广泛，甚至进入了经济学基础课的教室。做出这一论断的是美国人查理斯·道。他认为，由自由竞争市场决定的股票价格，代表了每一个对该股票感兴趣的人士的综合预期及评价，这些“来自市场的评价包含了所有的事实、估计、猜测以及有关各方的希望和恐惧”，其中，最重要的是对上市公司资产质量和盈利能力的评价。因此，由这些极具代表性的公司股票构成的综合指数应能反映一个国家的宏观经济形势，并因综合指数包含了所有投资者的预期和评价，而在一定程度上提前预示经济形势变化，成为“经济晴雨表”。股票价格的上扬或下挫将反映经济向好或向坏的发展态势，以及是否分红和分红多少，股票投资者因而获得收益或遭受损失。广大投资者的回报与经济发展状况应基本一致，股民理应分享到国民经济增长的成果。

股票市场是以上市公司经营发展状况为基本面，在充分竞争和信用机制，即所谓“强势有效市场”的作用下，才具有“经济晴雨表”的功能。股票市场的基本功能是投资和融资，广大投资者把资金注入股市，让渡资金的使用权以获得合理回报。上市公司从股市上融到资金后，进行技术改造、产品开发、市场拓展，从而增强发展后劲，提高效率，产生效益，就可以回报投资者。正常而言，资金利用效率高、经营状况好的企业，能给投资者较高回报，股票价格上涨更快，能得到投资者更大的信任，进而能再融资，制造“滚雪球效应”。一个国家的经济说到底是由企业支撑的，而一般上市的企业都是经过层层筛选的，由监管部门

与市场专业中介机构共同“背书”，所以股票市场基本上由资产质量好、盈利能力强的上市公司组成，从而可以在一定程度上反映未来经济的走向，成为经济发展的“晴雨表”。同时，股市也通过将社会资金集合起来，使社会经济资源得到优化配置。

从长期和根本上看，股票市场的走势和变化是由一国经济发展水平和经济景气状况所决定的，股票市场价格波动也在很大程度上反映了宏观经济状况的变化。股票价格和收益率的均值回归是具有不对称性的，股票价格“上升空间无限，下降空间有限”，其游走范围就决定了价格和收益率不可能存在对称关系。从国外证券市场历史走势中不难发现，股票市场的变动趋势大体上与经济周期相吻合。在经济繁荣时期，企业经营状况好，盈利多，其股票价格也在上涨；经济不景气时，企业收入减少，利润下降，也将导致其股票价格不断下跌。以成熟股市——美国股市为例，美国股市发展过程中经历过几次大的经济危机，经历过两次世界大战，其间股指曾出现过大幅下挫（1933 年道琼斯指数比 1929 年下跌了近 90%，25 年以后指数才又回到 1929 年的水平），但其长期趋势却是向上的，1896 年道琼斯指数只有 40 点，而现在已经超过 16000 点。根据世界银行统计，过去的 60 年，以 5 年期平均看，无论是累计涨幅，还是年复合增长率，美国股市涨幅和 GDP 涨幅都十分接近。也就是说，当经济增长时，股市指数上涨，但经过一段时间的上涨，经济增长到达拐点时，股市指数就会先行回落；当经济增速经过一段时间下滑达到谷底并出现向上的拐点时，股市指数便会先行上涨，股市充分显示了“经济晴雨表”作用。即便是在短期内，股票市场价格变化也可以在一定程度上提前反映宏观经济走势。

例如，在美联储超宽松货币政策和美国经济好转迹象的带动下，2013年，纽约股市道琼斯工业股票平均指数全年涨幅为26.5%，纳斯达克综合指数涨幅超过38%，为2009年以来最大年度涨幅。当然，站在中短期角度看股市，资金和信心才是股市涨跌的更关键的驱动因素，但是，信心同样来自投资者对未来经济情况的预测。

二、中国股市作为“经济晴雨表”失灵的表现

纵观我国股市20多年，随着中国经济持续快速增长，股市实现了跨越式发展。从建立之初的“老八股”到2014年，上市公司数量已经超过2500家，募集资金超过4.85万亿元，总市值达到20多万亿元。2014年公布的数据显示，中国股市规模已超越日本，成为世界第二大股市。中国股市发展总量与经济增长大体一致，但是，股票市场价格指数变化却没有充分发挥“经济晴雨表”的功能。

从中国股市整个发展历程来看，股票市场价格变化远跟不上经济快速增长的速度，与经济发展形势不相吻合，呈现“宏观热、股市冷”的独特现象。就某一时段而言，上证指数年度波动率同GDP年度增长率的走势并不一致，甚至背道而驰。1993—1999年表现出明显的GDP增长速度放缓的长期趋势，然而对应的上证指数的波动率却涨跌互现，毫无趋势可言，而且，2001—2007年表现出明显的GDP增长速度加快的长期趋势，然而对应的上证指数依旧是毫无趋势可言。所以，我们很难感受到中国股市是国民经济的“晴雨表”。

中国股市发展更让人不解的是，这20多年来，我国宏观经济发展总体上呈现高速增长态势，2013年，中国的两大股票市场依然挣扎于

熊市的泥潭之中难以自拔，全年上证指数下跌 6.75%，深证指数下跌 10.91%，在全球主要股票市场中表现最差，只有创业板市场在连续两年的大幅下跌之后获得报复性反弹，全年涨幅高达 82.73%。

多年来，我国股市表现为与经济增长冰火两重天，在此情况下，广大股民财产性收入增长与经济发展不匹配，他们根本没有能够通过股票市场分享经济发展的成果。一方面，股市回报率远低于经济增长速度；另一方面，中国股市分红水平也远低于正常水平。另外，上市公司“重圈钱、轻回报”。在上市一年以上的公司中，有近 100 家公司属于从未分红的“铁公鸡”；还有些公司公司股票尽管稍许分红，但上市以来股价持续下跌，使投资者见不到收益；还有一些公司在海外上市时，分红相当慷慨，而一旦转回国内，就鲜有分红。

现在，中国股市的“经济晴雨表”功能已经失灵，带来了严重的社会危害。一是股市正常融资功能受损。回顾中国股市自诞生以来到 2014 年的二十多年间，A 股市场共经历了 7 次 IPO 重启。在 2008 年的暴跌中，中国证监会再次暂停了新股发行工作，不少已递交上市申请的企业不能及时获得融资，直接阻碍了企业的发展，也制约了中国转变发展方式、调整经济结构、实现产业升级的进程。二是社会财富分配畸变。广大股民通过投资上市公司获得回报，实现社会财富再分配，有助于促进分配公平、缩小贫富差距。但在中国股市暴涨暴跌的过程中，社会资金以迅雷不及掩耳之势汹涌入市或出市，股票市值从过分虚高到大量蒸发，带来的不是财富的相对公平分配，而是贫富差距加大。在巨幅波动的市场中，“庄家”往往利用内幕信息来聚集财富，而由中小投资者买单，中国股市成为巨大的“绞肉机”。三是投资理念扭曲。2001 年 1 月著名经济学家吴敬琏在中央电视台《对话》《经济半小时》栏目中曾经这样说："中国的股市很像一个赌场，而且很不规范。赌场里面也有规矩，比如你不能看别人的牌。而我们这里呢，有些人可以看别人的牌，可以作弊，可以搞诈骗。"股市暴涨暴跌，价值投资理念显得苍白无力，股市出现"赌场"现象，无论是中小投资者，还是机构投资者都以最直接、最现实的投机观念买卖股票，频繁交易、跟风炒作、以小博大，甚至豪赌，完全不顾宏观经济及企业的基本情况，最后不得不以政府干预收场。四是和谐社会建设受损。我国有 1.5 亿名股民，数量可观。这些股民的切身利益需要关注，合法权益需要维护，这涉及股民群体的和谐和稳定。股市的波动会引发股民心情波动，股市的和谐关乎社会的和谐。

亚洲金融动荡和 2008 年美国次贷危机也都没能损及这个势头。然而，截至 2014 年我国股市却经历了 7 次熊市，一波三折，风潮不断，已陷入长久低迷的状态。2013 年，中国的两大股票市场依然挣扎于熊市的泥潭之中难以自拔，全年上证指数下跌 6.75%，深证指数下跌 10.91%，在全球主要股票市场中表现最差，只有创业板市场在连续两年的大幅下跌之后获得报复性反弹，全年涨幅高达 82.73%。

三、对"晴雨表"失灵现象的思考

从 19 世纪 70 年代开始，在西方国家也曾出现过股份公司的大规模建立和股票市场的建立。这一现象也引起马克思的特别关注，他在《资本论》第三卷中有深入的论述。马克思关注和阐述的重点：第一，是股份资本和股份公司产生的必然性，认为是资本主义生产社会化的必然结果。第二，是企业在治理结构上的变化，认为股份公司存在着资本所有权与使用权分离的问题。第三，是资本性质和企业性质的变化，认为股份资本不同于私人资本，而是社会资本。第四，是股份资本的历史地位，认为股份资本是作为私人财产的资本，在资本主义生产方式范围内的扬弃，是转化为社会职能的过渡点。第五，是股票市场的本质，认为它再生产一种金融贵族、一种新的寄生虫，产生了一整套投机和欺诈行为。对于股票投机活动，马克思则给予了严厉批评，认为股票投机活动使资本主义生产关系日益走上腐朽和没落的道路。“在这里，成功和失败同时导致资本的集中，从而导致最大规模的剥夺。实行这种剥夺是资本主义生产方式的目的。”这对我们认识股票市场有重要意义。

中国的股市或资本市场，对于政府而言，最重要的是能够获得大量的印花税；对于证券公司或投资银行而言，最重要的是能够获取大量的佣金；对于上市公司而言，最重要的是能够获得巨额的发行溢价或创业利润；对于中小散户而言，纯粹只有赌博的意义，而毫无投资价值可言。所有这一切，看起来似乎都是合乎情理的，但实际上却隐藏着最严重的弊端，并成为影响中国经济健康发展的最重要的因素。

中国股市作为“经济晴雨表”出现失灵现象，有的专家学者分析认为，股市的低迷更多的是反映了中国经济转型大背景所遭遇的经营现状，同时也是中国股市本身的制度性缺陷所带来的问题；有的文献从信用文化和制度视角对“失灵”“失效”进行分析，认为从表面上看国内股市对应的法律制度、市场产品、市场组织形式、公司治理形式与成熟市场没有太大差别，但实际上在股市的信用文化、股市制度的质量及相应市场制度规则形成和执行机制方面还存在巨大差距。这才是国内股市的困惑所在和作为“晴雨表”失灵的原因。其中，信用的基础完全来自政府，是当前股市的最大问题。在股市信用由政府给定及隐性担保体系下，市场滥用就会十分普遍。因为靠近权力的人可以把滥用信用的收益归自己所有而让整个社会来承担成本，让市场宣传投机炒作，欺骗作假盛行。

正是这样的一种股市，导致中国的货币不能有效地转化为资本，并使资本不能有效地配置于真正需要发展的行业与企业。就前者而言，因为股市完全是一个投机或赌博的场所，所以货币仍然大量存积于“影子银行”，使中国股市规模受到了严重的抑制，中国股市的市值规模仍然不能有效地放大，并使银行融资在企业的融资中仍然占据主导地位。从而使企业融资不仅仍然严重依赖于银行，并且融资成本仍然过高。就后者而言，由于中国企业（特别是 A 股）上市仍然实行严格的审批制度，使所谓“壳”资源成为莫名其妙的“稀缺资源”，从而使股票市场完全丧失了本来应有的优胜劣汰功能，大量的资金仍然被一些低效且毫无发展意义与前途的上市公司所占有与浪费。虽然中国已经开办中小板与创业板，试图鼓励中小企业，特别是高科技类中小企业通过资本市场融资，以扶持这类企业的发展，但是，毕竟它们的市场规模在整个股市中仍然很小，而且中小板与创业板也存在与主板同样的致命的缺陷，所以中国股市仍然是一个完全投机或赌博型的市场。中国股市的这种投机性与赌博性，形成了中国股市不能成为国民经济“晴雨表”这一怪现象的主要原因。此外，法制建设的相对落后加重了中国股市的投机性与赌博性。对于资本市场而言，投资者关注的往往是股价的涨跌、指数的高低，较少关注这些市场现象背后的法律制度建设。其实，市场与法制相互依存，资本市场的发展须臾离不开法制。只有法制才能保障我国资本市场在对外开放中取长补短、融入潮流、实现发展。

四、加强治理，重塑“经济晴雨表”

如何解决中国股市的矛盾和问题，恢复投资者的信心？如何让股市真正成为“经济晴雨表”，实现应有的功能？这就要求我们加强股票市场治理力度，严抓上市公司质量，形成优胜劣汰机制，确保上市公司内在价值持续提升，使股价变化反映上市公司经营状况、代表宏观经济形势走向。

纠正股市发展理念，重视投资者回报，切实实行上市公司强制分红制度

党的十八届三中全会《中共中央关于全面深化改革若干重大问题决定》指出：“扩展投资和租赁服务等途径，优化上市公司投资者回报机制，保护投资者尤其是中小投资者合法权益，多渠道增加居民财产性收入。”股市功能要从“赚投资者的钱”的融资为主的定位，回归到“让投资者赚钱”的投资为主的定位，要将投资功能放在第一位，融资功能放在第二位。在注重股市运行效率的同时要特别注重公平，不能让股市只顾“造富”而忽略中小投资者利益，不能让少数人通过股市非法敛财。建立强制分红制度，要求上市公司在一定时限内必须分红，确保中小投资者获得投资回报，将长年不分红的上市公司作自动退市处理。之所以必须实行这样的法律制度，关键在于中国的散户在上市公司中只是“虾米”，虽然他们号称股东，但在上市公司的决策中根本没有任何实际影响力，他们希望能够有效分红，但根本无法实现。所以，唯一的办法是通过建立相关法律制度来规范上市公司的分红比例。只有通过这

一改革，才能真正彻底改变中国股市的投机性和赌博性这一严重弊端，才能够使资金在上市公司与股民之间实现应有的相互流动与回馈，使中国的股票市场具有真正的投资性，进而使更多的银行储蓄转化为股市资金，进一步有效地扩大中国股市模式，使中国资本市场变成一个兼具投资性与投机性的健康的资本市场，也才能够使资本市场对中国国民经济的长期健康发展起到积极的、持续的推动作用。

要健全多层次资本市场体系

党的十八届三中全会《中共中央关于全面深化改革若干重大问题决定》明确提出，以显著提高直接融资比重为目标，推进股票发行注册制度改革，多渠道推动股权融资，发展并规范债券市场，完善保险市场，鼓励金融创新，丰富金融市场层次与产品。一是提高直接融资比重。继续坚持服务实体经济的本质要求，着力推动经济发展方式转变和经济结构调整，大力发展股票、债券等资本市场，拓宽企业直接融资渠道，优化社会融资结构；坚持市场化改革方向，着力减少不必要的行政管制，激发市场动力和内在活力，大力培育商业信用；坚持尊重市场发展客观规律，大力发展各类机构投资者，促进场外市场和场内市场分层有序、功能互补，推动金融市场、金融产品、投资者及融资中介的多元化；坚持规范发展的理念，强化市场约束和风险分担机制，进一步提高市场运行的透明度；健全相应的法律框架、金融调控框架、监管框架，以及财税等政策。二是推进股票发行注册制度改革。以充分信息披露为核心，在股票发行过程中，减少证券监管部门对发行人资质的实质性审核和价值判断，弱化行政审批，增强发行制度的弹性和灵活性，降低股票发行成本，提高融资效率。加强事中、事后监管力度，完善各种民事与刑事责任追究制度，有效抑制欺诈上市等行为。进一步完善上市公司退市制度，通过优胜劣汰，提高上市公司质量。加大对虚假陈述、市场操纵和内幕交易等证券违法违规行为的打击力度，强化上市公司、中介机构等市场参与主体的市场约束和诚信约束，促进市场参与各方归位尽责，切实保护投资者合法权益，维护证券市场“三公”原则。三是多渠道推动股权融资。在继续完善主板、中小企业板和创业板市场的同时，继续推进三板股权市场建设。各省区可以在统一的制度框架下，结合区域经济发展需要建立区域性股权市场。建立健全不同层次市场间的差别制度安排和统一的登记结算平台，推动形成有机联系的股权市场体系。

加快法律制度建设，提升治理水平

世界各国证券市场发展的历史表明，证券市场法制建设搞得好，证券市场中违规事件就少，对投资者的保护就有力，投资者对证券市场就有信心，证券市场就能健康发展。如果证券市场中发生欺诈、操纵市场、内幕交易等案件多，对投资者保护不力，就会引起证券市场的不稳定。美国 1929 年的股市大崩溃，原因之一就是证券市场的法制建设不健全。而我国 2014 年的《公司法》《证券法》非司法化或者诉讼性不强，表现出明确的欠缺，需要进一步完善。金融市场要想长期可持续发展，必须注意打击金融犯罪和整治非法的犯罪活动，以保障投资者的长期利益和证券市场的深度安全。

治理只是手段，绝对不是目的。加强治理的落脚点和最终目的，还是为将股票市场投机行为降至最少，使股票市场保持持续、稳定、健康的发展。要建立健全相关法律法规，严格执行股票市场交易规则和信息披露制度，维护一个公开透明的市场环境，禁止以权炒股和内幕交易，打击过度投机。对于违规操纵股票市场、导致股票价格大幅振荡的行为，要坚决查处。要督促上市公司科学规划与管理，提升核心竞争能力，改善盈利能力，以保持上市公司持续、快速、健康成长。要加强对中介机构，如会计师事务所、资产评估师事务所、审计师事务所的监督，使这些机构能够勤勉尽责，充分发挥其审查监督职能。

加强证券市场的法治建设，做到有法可依、有法必依、执法必严、违法必究，是保证市场健康稳定发展的重要基础。我国的证券市场还刚刚起步，亟须在实践基础上制定新的股市法规，修改完善已有的法规，同时加强执法与检查工作，逐步建立适合我国证券市场长期、稳定发展的法治体系。

（本文原载于《学术交流》2014 年第 7 期）

中外合资投资基金制度构建及对我国证券市场的影响

随着我国经济体制改革的不断深入和市场制度的不断发育，企业产权制度、财政金融制度的不断创新，投资工具也在不断创新和发展。投资基金这一起源于英国的现代投资工具，在20世纪90年代初被引入我国，短短几年的时间得到了巨大发展，2001年我国已有10家大型基金管理公司和大量的投资机构及私募基金，2001年9月我国又成立了开放式基金，基金在我国证券市场的发育发展过程中曾做出了重要贡献。我国已经加入WTO，根据规则，我国证券市场必将进一步对外开放。因此，我们很有必要探讨组建中外合资投资基金的一系列问题。

一、2001年我国投资基金市场存在的一些基本问题

投资基金市场结构存在缺陷

西方国家成熟的投资基金市场是以开放式基金为主的，开放式基金

成为投资基金发展的主流。由于我国证券市场仍处于幼稚期，市场不规范，规模较小，投资品种单一，所以，当前我国基金发展的落脚点在封闭式基金上，2001 年 9 月才开始成立第一家开放式基金。在我国加入 WTO 后，经济金融体制不断改革创新，为开放式基金大规模发展提供了成长空间。开放式基金的设立，将十分强调基金投资方向及投资收益问题，注重流动性、安全性及开放性，有利于改善投资基金市场结构。

投资基金运作缺乏科学管理

我国证券投资主要表现为粗放式的、凭“消息”投资，缺乏理性投资行为。在我国证券市场上，存在不少上市公司造假行为。在这样的证券市场中，我国投资基金的运行必然具有较强的投机色彩，缺少风险意识，缺少对基金资产的精细管理，难以发挥专家理财、分散风险、提高收益的优势，基金管理在专业管理上仍未形成独特的优势。

投资基金公司治理结构不合理

我国不少基金在发起设立时，没有科学地设计基金组织架构，一些基金管理机构没有独立法人资格，基金托管人与基金管理人存在着关联关系，管理人与托管人缺乏相互监督与制约的机制；一些基金管理公司只有经理人员和项目投资人员及会计人员，缺少必要的行业投资分析人员，失去专家理财的功能；一些基金管理公司董事会和经理层委托——代理关系不明，缺少外部非执行董事。如何进一步优化我国基金内部组织，提高基金公司治理水平，是摆在我们面前的一项重要工作。

投资基金监管体制的缺陷

近年来，我国股市中机构“坐庄”与操纵市场问题十分严重，基金公司单独或联手操纵股市，投机行为十分明显。之所以出现这样的情况，主要是因为监管体制缺陷及主管部门监管不力。2001 年中国证监会加大查处力度，管理层对机构“坐庄”、操纵市场的违法违规行为会严肃认真地查处。

缺少基金管理法律法规

迄今为止，我国尚无正式的统一的全国性基金管理条例和办法，因而许多基金在发起、发行、上市、投资、内部管理、信息披露等诸多环节存在着许多问题，这在很大程度上影响了投资基金市场健康、有序、规范地发展。

投资基金理论研究不够

现实中许多投资基金发起人把投资基金仅作为一种简单的筹资工具，筹集到资金以后，将投资收益置之不顾，忽视了投资基金代人理财与投资的功能。对投资基金与银行存款、债券、股票等金融工具的功能认识不清，甚至将投资基金作为股票炒作，危害极大。所以我们必须澄清对投资基金的各种模糊认识，加强理论研究，给投资基金的角色重新定位。

二、中外合资投资基金的制度建构

投资基金在当今国际金融市场上已成为与传统银行业务并驾齐驱的重要金融工具。加入 WTO 以后，为了大力发展我国的中外合资投资基金，推动我国金融体制的创新和改革，促进我国证券市场的繁荣发展，必须建立一整套规范化、科学化、国际化的制度。

完善基金立法体系

任何一个市场或一个行业的建立，都必须有相应的法律体系作保证，使之沿着规范化、法制化的轨道发展。投资基金管理运作的规范化只有在完善健全的法律体系制约下才能实现。完善健全的法律体系主要包括：证券法、证券交易法、投资基金管理法、投资者保护法、投资顾问法等。为了维护股市秩序，必须加快立法速度，严格和统一我国基金业的管理，尽快出台《投资基金法》等一系列相关的基金法律法规。使基金业发展有法可依、有法必依、违法必究，克服基金市场严重不规范的状况，保证我国基金业的健康发展，依照统一的基金法规，规范和改造基金交易市场。

在具体操作中，我们可以借鉴发达国家的一些成功经验，建立一套全国性的权威的法律法规，从而对中外合资投资基金的市场运作、资金账户管理、股东权益、管理费用、技术操作、信息处理等方面做出明确规定。在投资基金法规条文中，应特别强调保护投资者利益，营造一个公平、公开、公正的投资环境。对投资基金发起人、经理人和受托人的资格及相互关系应有明确规范，形成相互制约机制，以保证基金资产的安全和高效运用。

组建全国监管系统

国家要尽快建立全国统一管理、协调投资基金业的权威主管机构，改变多元管理、各自为政的混乱局面。同时，组建具有自律性的基金同业协会，发挥同业自律监督作用，加强同业交流、培训及向社会宣传等作用，促进市场运作规范有序，弥补政府机构对市场管理的不足，发挥其灵活、及时和弹性的长处。对股市来说，信息极为重要。如果出现信息披露不合法、不及时、不正确，以及地域限制等严重问题，必将对证券市场产生极大的负面影响，从而影响中外合资投资基金的健康发展。

因此，需要从新闻报道、信息披露、社会舆论等诸多方面，建立健全保密制度、反馈制度及宣传制度。同时加快信息网络平台建设步伐，减轻因信息不对称及“内部人控制”现象而引起的证券市场起伏波动。权威主管机构、基金同业协会以及社会舆论、股民之间，共同构建全社会监督大系统，确保将证券活动充分置于全方位监督之下。这样我国股市将具有完善的监督系统，避免出现管理与监督融合、有管理无监督的状况。

基金运作模式选择

组建中外合资基金和中外合资基金管理公司，是我国基金业对外开放的重要步骤。在国内组建中外合资基金管理公司可以采取以下两种模式：一是“发起设立”模式，中外双方共同出资新建中外合资基金管理公司，在国内注册。采取这种组建模式，在股东的选择上，一定要选择在国际上知名度较高、信誉良好、实力雄厚的机构。但是缺点是组建时间较长，组建的成本较大。二是“增资扩股”模式，即将现有的基金管理公司的部分股权进行出让或增资，但比例不可太大。这样有利于中方控股，又能得到国外先进的基金组织管理及资产运作等方面的先进经验，有利于我国按照国际惯例，培育出一支高水平基金管理专家队伍。在实践活动中，应先组建中外合资基金管理公司，然后设立并管理完全中资的基金，再设立管理真正的中外合资的基金。中外合资基金管理公司可以管理国内基金、境外中国基金，还可以管理离岸基金。加入 WTO 以后，加快我国基金业与国际基金业的接轨是我国基金业发展的必由之路。

政策支持系统

投资基金的发展离不开宽松和稳定的政策环境。我国的金融政策并不利于中外合资投资基金的发展。我国证券市场处于初期阶段，总体规模较小，缺乏足够的竞争主体，没有足够的证券使基金进行多样化投资，并且证券价格受外部因素影响较大，证券市场系统风险占主导地位，而系统风险是不能通过证券组合消除的。

我国必须制定一系列政策，对中外合资投资基金予以支持：一是有选择地、积极稳妥地发展中外合资投资基金；二是选择一些素质高的基金管理公司，搞规范化的试点；三是组织方式从封闭式开始，然后试行开放式；四是投资取向可要求以相当高的比例投资股票市场和债券市场及国债市场；五是加强对基金发行上市、交易后的监督管理；六是把投资基金与国民经济发展战略结合起来，积极发展产业投资型基金和创业投资型基金，推动产业结构升级优化，促进高新技术产业加快发展。在税收政策上，给予中外合资投资基金一定的优惠，避免双重征税；在外汇政策上，允许外商企业在投资基金中的收益在一定时间内以合法方式汇出国外。

三、中外合资投资基金对我国证券市场的影响

投资基金是市场经济发展到一定阶段的产物，我国在加入 WTO 后，将允许外资金融进入中国证券市场，构建中外合资投资基金将对我国证券市场产生积极而深远的影响，有利于推动国内企业走向国际资本市场，促进社会资本市场的形成和中外合资投资基金的发展。企业的发展离不开资金支持，投资基金业务的开展不仅搞活了金融市场，而且加强了企业与金融市场的联系，促使企业经营管理人员面对市场，特别是资本市场。组建中外合资投资基金可以推动我国上市公司直接面向国际资本市

场，加速我国企业的资本国际化。在企业资本国际化的同时，推动我国企业在生产经营活动中逐渐向国际惯例靠拢。

当今世界现代市场经济的重要特征是产业资本与金融资本的高度融合，几乎任何一个大型企业集团和跨国公司都有金融作后盾，中外合资投资基金的发展，加速了产业资本与金融资本的渗透和融合。中外合资投资基金的组建将促进金融资本向产业资本的转化，从而加速了整个社会资本市场的形成。

优化上市公司质量，完善上市公司法人治理结构。现代企业制度的核心是以法人财产权为特征的。现代股份公司制度，而中外合资投资基金既进行股权投资又不以控股为目的，可为企业所接受。中外合资投资基金的充分发展有助于提高上市公司的素质。在一个由中小投资者占据主导地位的股票市场上，由于股权过度分散，中小股东难以对上市公司进行必要的、切实可行的监督控制，因而不利于完善上市公司法人治理结构和提高自身经营管理水平。

然而，在一个由投资基金占主导地位的投票市场上，由于股权的适度集中，投资基金可以形成对上市公司的有效监督，它克服了个体投资者因资产规模太小而不能对上市公司决策产生重大影响的不足，并且投资基金占有上市公司的股票份额一旦达到一定比例，便可以直接派人进驻上市公司的董事会、监事会，直接干预公司的生产经营体系决策。

中外合资投资基金经理通过对上市公司进行基本面分析，对上市公司财务制度和信息披露的执行要求更加严格，这些都对上市公司产生重大影响，从而有利于我国现代企业制度的建立和法人治理结构的完善。中外合资投资基金通过参股投资方式，帮助企业转换内部经营机制，有助于国有产权制度的改革，为解决国有产权虚置和政企不分的难题寻找到突破口。

对于规范我国基金市场具有重要的导向作用

中外合资投资基金的发展，对促进我国证券市场的发展和加快投资体制的改革，具有十分重要的意义。但由于2001年我国存在的市场机制不健全，法规不健全，并且我国投资基金种类几乎都是封闭式的，而不是开放式的，基金的净资产值计算和公布没有得到足够的重视。基金信息披露严重滞后，投资人无法及时得到有关资产运作的信息，大部分投资基金对基金资产运作不及时和不能及时向投资者披露，也没有法律规范这种披露行为，存在着严重的内部人控制现象，影响投资者对市场的正常判断，投资者的正常收益不能得到有效保障。基金当事人的角色不清，基金发起人、经理人、托管人之间的权力、义务、责任没有形成相互制约与制衡机制。

基金管理是一门专业性很强的工作，需要具有一定专业水平的人员管理基金。由于我国基金设立时间短，缺乏这方面的专业人员，基金律师、审计会计师作用极小，投资咨询顾问业务不发达，加快人才培养是促进我国基金业健康发展的一个重要条件。通过与国外著名机构建立中外合资投资基金，以规范化的形象出现，对我国基金市场的规范和健康发展有着重要的导向作用。中外合资投资基金将有相当一批中国人参与经营管理，有利于我国基金业专门人才的培养。

减轻因国有股减持而导致的证券市场的波动，提高国有资产经营能力

由于我国特殊的国情，企业在股份制改造时出现了大量的国家股、法人股，还有外资股。反映在证券市场上，国有股、法人股与社会公众股并存，国有股、法人股上市流通问题没有得到很好地解决，严重影响证券市场优化资源配置的功能。通过组建中外合资投资基金，促进国有股的流通，避免因国有股上市流通导致的证券市场起落。同时投资基金事业的发展也能够带动法人股的上市流通。

在具体操作过程中，可以使中外合资投资基金分期、分批购买国有股、法人股，或者让国有股、法人股参与中外合资投资基金的发起，使国有股、法人股成为长期的投资主体，并分批通过投资基金上市流通。国有资产经营公司可以运用国有股权在证券市场上认购中外合资投资基金，然后，中外合资投资基金把这些国有股权如数投资原上市公司。通过这样的产权重组，国有产权的性质和结构发生重大变化，国有资产经营公司失去了上市公司国有股东的权益，同时得到了投资基金的股东权益，投资基金得到上市公司国有股东的权益，同时必须对国有资产经营公司承担信托责任。通过投资基金的不同投资组合，投资风险分散，国有资产的投资经营能力大大提高。

加快我国资本市场国际化步伐，促进 A、B 股市场最终走向统一

组建中外合资投资基金来引进国外资金进入中国资本市场，可以将国外中小投资者的分散资金集中引入我国资本市场。国外中小投资者在我国进行实业投资和证券投资，存在着较大的市场风险，而且在具体操作中也存在着诸多不便。中外合资投资基金由国际金融专家进行专业投资、组合投资，因而能够大大降低这些国外中小投资者的风险。对我国来说，通过中外合资基金可以低成本引进和利用外资，不受偿债率等因素的制约，可以转嫁汇率风险，规避债务的期限结构、货币结构、利率结构的风险。

因此，通过投资基金引进外资，可使我国国内资本市场更好地融进国际资本市场，加入到国际资本大流通中去。只要管理措施恰当、方法科学、手段先进，必将使我国证券市场更加兴旺发达，促使 A、B 股市场尽早并轨统一，使我国证券市场中的上市公司股权结构更趋合理、规范。在我国加入 WTO 之后，证券市场必然朝着国际化方向迈进，而中外合资投资基金的建立与发展会加快这一步伐。中外合资投资基金可以避免某些国家对其国民在发展中国家股票市场投资的限制，可以简化外国投资者进入中国市场的手续。

有利于我国金融证券市场完善与发展

在市场经济条件下，金融与经济二者相互作用，经济决定金融，金融反作用于经济。金融产生于经济发展之中，经济发展要求金融相应发展。2001 年，我国金融改革的价值取向与建立社会主义市场经济体制存在较大差距，金融改革只有实现银行商业化、利率自由化、汇率自由化，才能不断适应经济快速发展和世界经济一体化的潮流。因而，大力发展中外合资投资基金，使它对各类金融工具进行再投资，从而克服存款债券流动性差和难以保值增值的功能性缺陷，以及股票、期货等高风险的市场性缺陷。

通过中外合资投资基金的发行和流通，使我国金融市场的流通工具更加丰富，使金融市场在安全、高效的情况下交投活跃，促进我国金融市场建设更趋完善。在金融市场，尤其是证券市场，往往由于“庄家”的人为操作，散户盲目跟风，造成股市风云跌宕。投资基金是由专门人员根据股市基本面和公开披露信息，做出理性投资，有助于减少股市起伏波动。证券监管部门也可以通过对投资基金的监管，使之成为平抑股价涨跌的调节工具。

中外合资投资基金有利于证券市场发展与完善，它的创建既可以增加我国证券市场投资机构的数量，又可提供金融工具创新的机会，扩大证券市场规模，改善投资结构，引导证券市场健康稳定发展。

（本文原载于《兰州学刊》2001 年第 12 期）

“债转股”风险研究及对证券市场的影响

“债转股”是国家为搞活国有大中型企业出台的一项政策，是手段而不是目的。通过实施“债转股”，要从根本上解决国有企业面临的经营困境，实现国企经营的良性循环，从而使国企真正成为国民经济的支柱。

一、“债转股”面临的风险分析

国有企业的“债转股”工作是在实行了鼓励兼并、规范破产、减员增效及建立现代企业法人治理结构试点等一系列国企改革措施之后的最后一项重大举措。“债转股”越转越快，国家经贸委负责人要求这项工作在 2000 年上半年完成。从 2000 年 3 月来说，实施“债转股”，防止出现以下风险。

行政干预风险

在纠正国有企业借口“破产”从而进行“逃债”的行为、保护商业银行债权人的利益、挽救陷入经营困境中的国有企业，以及职工下岗再就业工程等方面，政府部门确实做出巨大努力并且也取得很大成绩。但是，在这些活动中，政府行为色彩太浓，政府部门越俎代庖，陷入纷繁复杂的事务性工作中。在审批破产企业的状况、核查挂账停息的损失、核销呆账准备金等方面，行政行为过度，市场化程度较低，人为干预现象很普遍，没有很好地发挥市场主体角色，特别是债权银行的积极性能动性。因而，政府不能脱身专门从事宏观性、全局性、前瞻性的深层次的理论探究。在当前的“债权股”改革过程中，要谨防政府行政工作涉足企业兼并活动等，行政干预过度。

市场运行风险

“债转股”的成败关键取决于企业的重组和转制。如果国有企业只想“转股”，而不愿在本企业重组和转制上动“大手术”，这就可能导致“债转股”流于形式。“债转股”方式可以把单一所有制的国有企业，经过重组后改造成股份制企业。因此，重组和转制，即企业的制度重构极其重要，这也是预防“不良债权”在转股以后变成“不良股权”的核心所在。在实施债转股过程中，企业要实行战略性重组和结构调整，以提高企业的经济效益为目标，以债务重组为契机，进行综合的资产重组、业务重组和人员重组。金融资产管理公司和国家开发银行既然参股控股，成为国有企业的股东，就应该依法行使股东权利，参与企业经营方针、投资计划、选聘经理班子等重大事务和决策。虽然它们不参与“债转股”的日常生产活动，但要监管该类企业重组和转制的实施，从而规避此类风险。

操作范围过度风险

“债转股”是给缺少资本而负债过高的国有企业补充不需要偿还的资

本金，把还本付息转化为控股分红，它的目的既不是为了扭亏，也不是不求回报的义务劳动。针对债权转股权的企业，国家经贸委提出五条标准，分别从产品质量和市场竞争力、工艺水平、企业管理水平、财务状况、企业经营领导班子及转制等方面制定详细准则。“债转股”是一项政策性很强的工作，对实施“债转股”企业的选择不仅关系到“债转股”这项工作本身的成功与否，而且关系到整个国有企业改革的成败，进而直接影响经济体制改革的进程和综合国力的提升。因此，“债转股”工作要从战略上、宏观上把握，要从政治高度来实施这项工作：一方面严格筛选；另一方面积极引导中介机构的介入。这样可以避免刻板的审批体制下可能出现的逆向选择，从而避免操作范围过度的风险。

财务金融风险

“债转股”是2000年解决国有企业与国有商业银行双方存在困难的一条新思路。某些国有企业认为“债转股”只是为了扭亏，要求大幅度“转股”，想从“债转股”的政策中找到便宜资金。资本是比贷款利息价格更昂贵的稀缺资源，它要求投资利润最大化。因而，在“债转股”过程中不能使“债转股”过度，应限于“不良贷款”，不能越界。另外，转股以后的资产负债率应该有个合理的限度，不宜过低。可将“转股”的股权分成普通股股权和优先股股权，也可以是可转换债券等。银行承受的债转股金额是有限度的，资产管理公司购买银行的不良资产，除用中央银行借款支付一部分外，主要用对银行发行债券筹得的资金偿还银行。当债券到期后，金融资产管理公司很有可能以部分股权归还。银行过多地持有股票，就不能保持对存款的支付，有引发金融危机的可能。

企业道德风险

“债转股”把一部分银行不良贷款转作过度负债企业的资本金，从而使处于困境的企业获得一笔不需要偿还的稳定的经营资本金，随之也相应地增加了企业可以继续贷款的能力，真正使企业增强了实力，夯实了脱困的基础。某些政府部门为了帮助企业“脱困”，也为了让自己甩掉包袱，争着要给列入“债转股”的企业提名。不少困境企业又像过去跑项目争指标那样从地方跑到中央，争先恐后地到有关主管部门“走后门”，想借口“转股”而“赖债”。某些企业指望“债转股”轻易地减轻他们的负担，从而忽视企业内部管理的真正改善，也不问是否同意，就想停止支付利息，这是典型的“赖债”先兆。政府和企业都把“债转股”看成国有企业大锅饭的最后一次晚餐，并可能在企业间蔓延，造成一种借贷不要紧还不起就转股的恶习，从而形成“赖债”的道德风险。因此，必须分清过去和今后，明确宣布今后银行贷款必须按时归还，否则要严厉处罚。

股权退出风险

实施“债转股”只是2000年解决国有企业经营过程中所面临的困难的手段之一。“债转股”的实施实际上是企业的债务重组，企业财务报表上的盈利能力大增，并不是企业资产盈利能力提高所带来的经营利润，企业经营绩效最终能够得以提高依赖于实施技术创新、新品开发、结构整合、资产重组兼并等。实施“债转股”的目的不是国有金融资产管理公司永久性地持有国有企业的股权，而是通过金融资产管理公司阶段性地持有国有企业的股权，最终实现将所持有的国有企业股权推向市场。如果没有可以使金融资产管理公司得以退出的机制，那么金融资产管理公司持有国有企业的股权又会走向与“拨改贷”相反的道路。只有企业的经营业绩明显得到改善，金融资产管理公司所持有的股权才能退出，并顺利地推向市场为社会公众所吸收。

二、“债转股”对证券市场影响

优化上市公司质量

我国证券市场的一些上市公司资产负债率较高，据对 1998 年末资产负债率的统计表明，上市公司资产负债率在 65% 以上的有 102 家。其中资产负债率在 65%～70% 的达 51 家；资产负债率在 70%～80% 达 30 家；资产负债率在 80%～100% 达 17 家。从吉林化工 1999 年中期报表得知该公司中期利润总额为 69716 万元，财务费用高达 31211.5 万元，财务费用是利润的 4.5 倍。如果实施“债转股”，必须节省大量的财务费用，大幅度提高每股收益。由此可见，债权转股权后，对于那些满足实施“债转股”条件的上市公司，是实实在在的增资减债，对其经营业绩有较大的推动作用，也利于优化上市公司质量。

促进证券健康有序发展

2000 年上半年，在我国沪深两市 900 多家上市公司中，设置国家股的有 500 家，国有资产参股的上市公司仍占多数，其中有的国家股东处于控股地位，有的国家股东处于绝对控股地位。实施“债转股”后，对于上市公司，特别是针对有国家股东的上市公司而言是好事。“债转股”后，债务变成了资本金，可以促进证券市场投资主体多元化和培育出更多的、质量更高的市场主体。金融资产管理公司阶段性地持有上市公司的股权，依法行使股东的权利，在企业经营状况好转时通过转让其股权或企业回购等方式回购贷款。“债转股”的全部内涵就在于把暂时难以收回的逾期货款转作阶段性持股的股权，然后创造一切条件，帮助企业扭亏为盈，再把它收回来，实现国有资产的保值增值目的。因此，这些上市公司经过“债转股”后，经营业绩、发展规模等得到极大提升，从而成为证券市场的中坚，对促进证券市场的健康发展具有积极的作用。

利于外资进入并有效激活证券市场

长期封闭国内资本市场不是好办法，特别是中国加入 WTO 以后，金融服务业必然要对外开放。2000 年，中国加入世界金融大市场的速度在加快，许多国外金融机构都在寻求进入中国金融市场的契机。骤然开放证券市场或货币市场，对国内金融市场形成较大的冲击。国内商业银行因其巨额坏账呆账，竞争能力下降，流动性危机使整个金融体系的信用基础遭受严重挑战。而国有企业因其负债率过高，生产经营困难，急需大量资金进行“输血”。在国有企业急需资金的同时又存在着如何有效地引进利用外资的两难困境。国家经贸委负责人明确提出，今后金融资产管理公司转让这部分股权时，原则上可允许外资进入。这一举措利于证券市场投资主体多元化，有利于银行不良资产的化解，有利于国有企业竞争力的提升，对增强证券市场活力具有积极的推动作用。利用外资化解银行不良资产也是国外通行的方法。

（本文原载于《上海综合经济》2000 年第 3 期）

诚信是社会良性运行的基石

诚信，即真实不欺，遵守诺言的品德。古今中外，无论时代怎样变迁，社会如何发展，诚信这一道德品质都是维系社会协调有序运行的核心价值，对人类社会良性发展意义重大。

改革开放以来，我国经济实现了跨越式发展，然而社会思想文化领域发展相对滞后，甚至道德领域出现了滑坡。当下社会，诚信失范问题在各个领域都或多或少存在，商业欺诈、制假售假、虚报冒领、学术不端等现象屡禁不止，甚至某些地方决策者，乃至有关部门不讲诚信……这些失信现象已然成为影响社会良性运行的重要问题。2011 年 2 月，《瞭望新闻周刊》联合国内专业调查研究机构，在京沪穗蓉杭 5 座城市对中国社会诚信状况进行调查，仅有 4.8% 的人认为中国社会诚信状况“好”，48.7% 的人认为“一般”，而 46.6% 的人认为社会诚信状况“差”，甚至“很差”。这次抽样调查，在一定程度上反映出中国社会诚信的现状及存在的问题。针对这种现状，党的十七届六中全会《决定》指出：“把诚信建设摆在突出位置，大力推进政务诚信、商务诚信、社会诚信和司法诚信建设，抓紧建立健全覆盖全社会的诚信体系，加大对失信行为的惩戒力度，在全社会广泛形成守信光荣、失信可耻的氛围。”

要在环境层面上加强教育，树立榜样，努力营造良好的社会信用环境。诚信是中国传统道德中的一项基本规范。如今它仍然是应该继承和发扬的价值准则和行为规范。胡锦涛同志强调：要“进一步加强和完善思想道德建设，持之以恒加强社会主义精神文明建设，加强社会主义核心价值体系建设，增强全社会的法制意识，深入开展精神文明创建活动，增强社会诚信”。因此，我们有必要把精神文明建设、以德治国建设和中华民族崇尚诚信的优良美德建设有机结合起来，加大教育力度，发挥新闻舆论的监督职能，树立榜样，正面宣传先进典型，有效激励诚信者，在全社会营造良好的诚信氛围，引导人们知荣辱、讲正气、尽义务，形成扶正祛邪、惩恶扬善的社会风气和诚实、自律、守信、互信的社会信用环境，使诚实守信内化为人们的自觉意识，使守信成为人们自觉的行为。

要在制度层面上加强社会诚信制度和信用体系建设。道德的特点是他律与自律的统一，这就决定了加强诚信建设不仅要靠道义劝说，更要靠制度规范。诚信必须以严密规定及严格执行的制度和体系作保障。同时，我们还要加大监督奖惩力度，使诚实守信者得到保护、作假失信者受到严惩，使缺乏诚信者不但为社会所不齿，并且受到严厉的制裁，提高失信和欺骗的成本，使其失信成本远远高于其收益。此外，还要通过健全信用体系，建立个人诚信档案，使诚信行为与个人利益紧密相连，使诚信行为受到法律和制度的约束和规范，使诚信为社会主义经济、政治、文化、社会的改革和发展，社会的良性运行提供良好的道德保障。

总之，社会的良好运行以道德为基，道德以诚信为本。整个社会诚信精神的树立，对于社会的良好运行具有极其重要的作用，是一个社会和谐的真正意义所在。在当前各种诚信问题交织的时代背景下，人们的心态十分复杂，人们一面抱怨社会诚信缺失，一面却又步其后尘；人们习惯于希望他人应该如何，却不能严于律己，不愿反省自己。只有树立诚信意识人人有责的观念，才能提高全社会的诚信水平，才能保障社会的良性运行和协调发展。

（本文原载于《中国党政干部论坛》2012 年第 1 期）

2

微观篇

企业改革创新

改革开放让中国脱胎换骨，从农业社会真正迈入工业社会，再从工业社会领先世界绝大多数国家迈入信息社会，除了国家层面政策的调整外，还因为中国涌现了一大批敢闯敢干的优秀企业家。企业的功能在于把各种各样的生产要素进行最佳组合实现资源的优化配置和利用。无论是国有企业改革，还是民营企业成长，都在微观上更直接、更灵活地推动着中国经济社会的发展。

第五章
国企改革探索

国有企业混合所有制改革理论思考

党的十八届三中全会以后，全面深化改革成了时代的主旋律。国有企业改革作为经济体制改革的中心环节，不仅涉及复杂且庞大的利益格局调整，也是正确处理政府与市场关系的关键，其发展方向及未来走势自然也成为社会各界所关注的重点议题之一。习近平总书记在 2016 年 7 月 4 日国有企业改革座谈会上进一步强调，国有企业是壮大国家综合实力、保障人民共同利益的重要力量，必须理直气壮做强做优做大，不断增强活力、影响力、抗风险能力，实现国有资产保值增值。2016 年 2 月，国务院国资委推出“十项改革试点”，提出在电力、石油、天然气、铁路、民航、电信、军工七大领域开展混合所有制改革试点。同年 9 月，中国联通与南方电网、哈电集团、中国船舶、中国核建和东航集团就一同被确定为混合所有制改革的首批六大试点企业。2017 年是国有企业混合所有制改革“元年”，在全面深化改革的基础上，做大做强国有企业，不仅有利于市场机制在资源配置中起到决定性作用，而且对于我国开创和发展中国特色社会主义道路，促进人类文明的多样化发展至关重要。

一、国有企业改革的历史回溯

国有经济是中国特色社会主义的重要制度基础，是提升国家竞争力和保障国家经济安全的强有力支柱。国有企业改革被公认为我国经济改革中最难的环节之一。回溯以往，我国国有企业改革经历过以下几个重要阶段。

（一）放权让利，从“管工厂”向“管企业”转变

改革开放以前，在计划经济体制模式下，没有真正意义上的市场经济环境，我国国有企业主要作为中央或地方政府部门的附属机构存在，基本采取了高度集中的计划管理模式，简称为“管工厂”。国有企业的主要目标是执行上级命令、完成生产任务，至于保值、增值等经济绩效无从谈起。因而，按照现代企业理论来看，那时的国有企业更多是作为生产工具或车间存在，而非独立意义上的经营实体，更谈不上自负盈亏、自主经营的经济组织。由于缺乏明确的绩效考核制度，以及人事、财务、生产等经营自主权，国有企业运营效率极其低下，甚至逐渐沦为国家财政负担。

1978 年，我们党召开了具有重大历史意义的十一届三中全会，开始对国家经济管理体制和经营管理方式进行调整和改革。这一重大决策，标志着国有企业改革掀开了历史性篇章。

党的十一届三中全会以后，我国开始着力推进经济体制改革，提出“让地方和工农业企业在国家统一计划指导下有更多的经营管理自主权”，并确立以扩大企业自主权为主要形式，调整国家与企业之间利益关系的国有企业改革方针，在企业内部建立各种形式的经济责任制，在

企业领导体制上实行厂长（经理）负责制。按照这一指导思想，国有企业以“放权让利”改革为技术手段，实现了从“管工厂”向“管企业”的转型跨越。在“管企业”的操作模式下，上级主管部门缩小核算单位和管理幅度，下放部分经营权与收益权给企业厂长（经理），从而调动企业管理层及职工的生产积极性，由此带来企业产出增加、国家财政收入增长。

1979 年 7 月，国务院制定并发布《关于扩大国营工业企业经营管理自主权的若干规定》和《关于国营企业实行利润留成的规定》，这两个文件就企业可拥有部分计划、销售、资金运用、职工福利基金和激励基金使用权等做了说明，使企业向具有一定的自主权和相对独立利益的经济实体转变。由此，我国启动了对国有企业以扩权让利为基本思路的改革。同年，国家经委等六家单位选择首都钢铁公司、天津自行车厂、上海柴油机厂等 8 个企业进行扩大企业自主权的试点，受到了热烈拥护。许多部门和地方仿照试点办法自行扩大试点。次年，4200 多家企业的产值、利润均有大幅度增长。但是，作为上层建筑的经济管理体制并不能真正适应企业扩权的要求，加之其他原因，放权让利不仅没有搞活国有企业，反而在一定程度上搞乱了宏观经济秩序。

这表明，随着国有企业管理层获得更多经营自主权，其生产积极性、工作效率和企业效益均有所提高。遗憾的是，这种“不打破原有计划体制框架”的“管企业”模式只是在一种模拟的“企业”主体环境中运行，根本上还缺乏有效的约束机制，诱使企业利用拥有的信息优势进行经济寻租，使这种预算软约束下的短期激励机制难以适应宏观经济环境变化，甚至在一定程度上加剧了国家财政困难，随即催生了下一轮国有企业的改革探索动力。

（二）两权分离，从“管企业”向“管资产”转型

1984年，党的十二大明确提出，经济体制改革的中心环节是搞活国营大中型企业。在所有权与经营权分离的条件下，出现了承包经营责任制、租赁制、资产经营责任制、税利分流及股份制试点，探索搞活国有企业的多种经营方式。1986年，国务院发布了《关于深化企业改革增强企业活力的若干规定》，提出要推行各种形式的承包经营责任制，给经营者以充分的经营自主权。1987年，国家经委具体部署推行企业承包经营责任制。自1987年开始，为缓解“管企业”操作模式的诸多弊端，我国政府以所有权与经营权相分离的“两权分离”改革为基础，力求实现“管企业”向“管资产”的转型。此后，承包制就在我国国有大中型企业中全面推开，到该年年底已有80%的大中型企业实行了承包制。1988年2月，国务院又颁布了《全民所有制工业企业承包经营责任制暂时条例》，进一步推动了承包制的全面推开。统计表明，到1988年底，90%的国有企业都采取了合同承包的方式。到1990年，全国95%的工业企业实行了第一轮承包制。

以所有权与经营权两权分离为特征的承包制被广泛地引入国有企业的改革试验中。在实践中，承包制表现出了强大的生命力，在完善企业经营机制，正确处理国家、企业与职工三者利益关系方面显示出了一定的优越性。尽管如此，“管资产”模式还存在以下局限。第一，由于缺乏有效的外部监督机制，内部人控制现象非但没能缓解，甚至存在强化趋势。第二，由于国有企业作为政府附属机构存在，不加区分地承担社会

性负担和战略性负担，使得预算软约束现象屡屡发生。第三，由于不能成为真正独立运营的市场主体，国有企业经营者缺乏对企业长期发展的稳定预期，促使其过度关注自己任期内的短期利益，注重资产规模扩大，忽略研究开发投入，削弱企业核心竞争力，降低资产盈利能力，甚至诱发出全国性的“投资饥渴症”，干扰宏观经济调控，引起宏观经济的剧烈波动。

（三）建立现代企业制度，推进“管资产”向“管资本”跨越

1992 年 10 月，党的十四大提出，“我国经济体制改革的目标是建立社会主义市场经济体制”，“就是要使市场在社会主义国家宏观调控下对资源配置起基础性作用”。同时，国务院颁布实施了《全民所有制工业企业转换经营机制条例》，以法规形式明确了国有企业转换经营机制的目标，制定了落实企业 14 项经营自主权的具体措施。从此，我国成功地进行了计划、价格、财税、金融等宏观经济体制的改革，大大加快了国有企业进入市场的步伐。

1993 年以来，为克服长期存在的内部人控制、预算软约束和激励短期化等问题，国有企业改革逐渐从被动式改革转变为主动式改革。从 1994 年起，我国政府对国有企业的改革主要是用以国有控股为主导的公司化替代承包制。相对于放权让利，公司制改革取得两大重要进步：一是承认了企业独立法人的地位，国家作为股东，必须按照《公司法》的规定行使所有者职能；二是通过公开上市引入了外部投资者的监督，在一定程度上制约了内部人控制问题。1994 年，国务院决定选择 100 家国有大中型企业进行建立现代企业制度试点。随后，各地区各部门根据实

际情况也确定了一批企业进行试点。到 2000 年，大多数国有大中型骨干企业初步建立现代企业制度。国务院确定的及各地选择的建立现代企业制度试点企业共 2700 户，绝大部分实行了公司制改革。

1999 年 9 月，党的十五届四中全会明确提出，“大力发展股份制和混合所有制经济”，阐述了公有制和混合所有制的关系。2002 年 11 月，党的十六大又明确指出，除极少数必须由国家独资经营的企业外，积极推行股份制，发展混合所有制经济。党的十六届三中全会进一步指出，大力发展国有资本、集体资本和非公有资本等参股的混合所有制经济，实现投资主体多元化，使股份制成为公有制的主要实现形式。

2013 年 11 月，党的十八届三中全会再度提出了混合所有制改革，并且进一步指出“国有资本、集体资本、非公有资本等交叉持股、相互融合的混合所有制经济，是基本经济制度的重要实现形式”，明确了混合所有制改革是下一步国有企业改革的新方向。2015 年 9 月，国务院印发《关于国有企业发展混合所有制经济的意见》，明确了国有企业发展混合所有制经济的总体要求、核心思路、配套措施，并提出了组织实施的工作要求。

二、国企混合所有制改革的战略机遇与深层次问题

国有经济及国有企业在社会政治经济进化过程中曾经发挥过重要作用，除了增加国家经济实力外，在提供公共产品或公共服务、引导产业升级和培育支柱产业、对民营企业维护和救助、经济调节和控制、社会政治等方面也发挥了极为重要的作用。从世界范围来看，各国对国有经济的认识和看法并不是一成不变的，往往会随着经济发展阶段和意识形

态的变化而进行不断调整。世界各国基本上都有一定数量的国有资产和国有企业，如何对国有企业进行有效管理本身也是一个世界性难题。改革开放以来，我国国有企业分别在宏观层面围绕国有经济布局、微观层面围绕提升企业效率两条主线进行改革。在国有经济布局方面，以国有经济的战线收缩为着力点，抓大放小，让国有中小企业退出，让困难企业破产，把国有资产集中到关系国民经济命脉和国家安全的领域；在提升效率方面，则以建立现代企业制度为努力方向，实现政企分开，企业自主经营。

以国有资本、集体资本、非公有资本等交叉持股、相互融合为特征的混合所有制经济，已明确成为我国基本经济制度的重要实现形式。这是我们党认真总结改革开放以来的实践经验做出的重大决策，是对社会主义初级阶段基本经济制度内涵的丰富和发展。我国国有企业混合所有制改革面临着重要的战略机遇。

（一）混合所有制是国有资本保值增值的强力促进剂

国有资本作为政府实现特殊公共目标的资源，其保值增值关系着维护社会稳定、保障就业、增进社会全体人员福祉以及保障国家经济安全等诸多方面，与其他所有制资本以营利为唯一目标有着本质区别。因此，通过混合所有制促进国有企业的保值增值，对所有资本的意志和利益进行协调以保证企业健康有序发展，是现阶段国有企业改革中的重要新课题。混合所有制要通过转方式、调结构等多项改革措施促进国有企业营利能力，增强国有企业的激励和约束机制，切实推动国有企业的公司制改造，以及现代企业制度的建立与完善。国有企业是国民经济的骨干和基石，只有保持国有企业的营收和利润增长势头，才能确保国有资产保值增值，为国家经济社会发展和财政增收贡献力量。

（二）混合所有制是提高国有经济竞争力的重要助推器

加强国有企业竞争力是国企改革的重要标准，更是国企改革在世界范围内追求的实力标准，也是从我国“一带一路”倡议和新一轮对外开放提出的战略客观要求。公有资本和非公有资本的交叉持股、相互融合，形成一个新的混合所有制企业，共同按照法律法规和相互商定的章程从事经营活动，这有利于调动社会各方面的积极性。混合所有制是我国利用市场力量配置资源、振兴经济、实现与国际接轨，并更好地参与国际竞争的有效经济手段。

（三）混合所有制是放大国有资本的功能倍增器

放大国有资本功能是国有企业价值观转变的重要体现，是为了适应世界范围内配置资源的需要，是下一步国有企业改革与发展基调的主旋律。混合所有制放大国有资本功能的主要途径是在竞争性国有企业中引入民间资本，用少量的国有资本和尽可能多的民营企业合作，而国有企业又处于相对控股的地位，使国有企业更加拥有市场资源的支配权与话语权，实现真正做优做强。例如，中国建材集团公司通过混合所有制改革，营业收入由 2006 年的 20 亿元跃升到 2016 年底的 3000 亿元，成为世界范围内最大的水泥企业，在国内外两个市场增强了控制力，实现了放大国有资本的功能。

党的十八届三中全会以来，以国有资本、集体资本、非公有资本等交叉持股、相互融合为特征的混合所有制经济已经明确成为我国基本经济制度的重要形式，与之相适应的是，混合所有制改革也就成为下一步国有企业改革的新方向。改革需要选择新的突围方式，也从另一方面说明国有企业在经济布局和提升效率方面所取得的成就依然不尽如人意，依然面临着以下两个深层次问题。

（一）布局方面与其战略定位不匹配

党的十八届三中全会通过的《中共中央关于全面深化改革若干重大问题的决定》（以下简称《决定》）对于国有资本的战略定位明确指出，国有资本投资运营要服务于国家战略目标，更多投向关系国家安全、国民经济命脉的重要行业和关键领域，重点提供公共服务、发展重要前瞻性战略性产业、保护生态环境、支持科技进步、保障国家安全。但现实情况却是相当一部分国有资本配置严重偏离了这一定位。国有企业广泛分布在市场化程度比较高、竞争比较激烈的加工工业和一般竞争性服务行业，行业分布面过宽、过散、过杂的特征十分明显，似乎难以体现所谓的“战略性”和“前瞻性”，由此引发的问题是竞争领域市场的公平性受到损害。与此同时，行政性垄断在许多行业内普遍存在。例如，我国虽然是世界上互联网用户最多的国家，但网络速度在世界上的排名位列 80 名以后，不仅与日本等发达国家存在较大的差距，甚至还比不上一些发展中国家，这一切当然是与行业内部所存在的行政性垄断密切相关的。相反，在公共卫生、基础研究、义务教育等一些该由国有经济和国有资本充分发挥作用的领域，国有资本投入却严重不足。

（二）国有企业的经营效率依然低下

现代企业制度是人类历史上的一项重大管理制度发明。1993 年，党的十四届三中全会通过的《中共中央关于建立社会主义市场经济体制若干问题的决定》明确提出，“建立现代企业制度，是我国国有企业改革的方向”，并把现代企业制度的特征概况为：产权明晰、权责明确、政企分开、管理科学。但一直以来，国有企业并没有真正建立起现代企业制度，因此，所引起的直接后果就是国有企业的经营效率仍然低下，多年来国有及国有控股企业的利润率、资产回报率及股本回报率与民营企业相比都有较大的差距。企业法人治理结构不完善、有效性差，监督制约机制薄弱等问题十分突出。

更为严峻的是，上述这两个突出问题还往往相互交织在一起。一方面，不合理的布局在很大程度上制约了效率的提升；另一方面，效率的低下又使得国有企业寄希望于强化行政垄断和增加各种要素补贴来增加利润，这显然有悖于市场经济公平竞争的基本原则，同时也无法实现稀缺资源的合理配置。

三、国有企业混合所有制改革的基本思路

2015 年 8 月，中共中央、国务院下发的《中共中央、国务院关于深化国有企业改革的指导意见》指出：“坚持社会主义市场经济改革方向。这是深化国有企业改革必须遵循的基本规律。”当前，国有企业混合所有制改革可以按照以下基本思路。

（一）加强党对国有企业的领导

习近平总书记指出：“坚持党的领导、加强党的建设，是我国国有企业的光荣传统，是国有企业的‘根’和‘魂’，是我国国有企业的独特

优势。”他还强调：“坚持党对国有企业的领导是重大政治原则，必须一以贯之；建立现代企业制度是国有企业改革的方向，也必须一以贯之。中国特色现代国有企业制度，‘特’就特在把党的领导融入公司治理各环节，把企业党组织内嵌到公司治理结构之中，明确和落实党组织在公司法人治理结构中的法定地位，做到组织落实、干部到位、职责明确、监督严格。”

随着混合所有制改革不断向前推进，一些“党管国企不利于自主经营，不利于企业按照市场规律办事和创业”的鼓噪不绝于耳，宣传什么“党组织不懂经济、要少参与企业决策和管理”等。还有一些人呼吁要“进行彻底市场化”“政府全面退出市场”等，变相鼓吹、推行新自由主义，企图通过削弱、瓦解，甚至取消公有制的主体地位来改变我国的根本经济制度。尤其是在国有企业改革中，有些人竟然认为国有企业改革就是卖国企、混合所有制改革就是要搞私有化等，甚至有人呼吁要彻底取消国有企业、消灭公有制，认为中国经济改革的最根本出路就是私有化。这些错误认识，不仅弱化了国有企业党建工作，也影响着国企混合所有制改革朝着正确健康的方向发展。事实上，改革开放以来，正是因为有了党的领导，有了党对经济工作的运筹帷幄，我国才会在国际竞争中脱颖而出，成为全球第二大经济体；正是因为有了党的领导，我们的国有企业才能在政治稳定、方向明确的大环境下不断壮大。事实证明：凡是取得优异成绩的国有企业，都是党的领导坚强有力、党的建设全面到位的企业。腐败问题频发、国有资产流失、效率低下的国有企业，都是党的领导和党的建设弱化、虚化、淡化、边缘化的企业。

强化党对国有企业的领导、强化现代企业制度下发挥党组织的政治核心作用，是加强国有企业党的建设的主基调。要把党的领导融入公司治理全过程，发挥好党组织在企业中抓党的建设、带好队伍、参与重大决策、党管干部、反腐工作等方面的积极作用，增强国有企业广大职工群众的归属感和凝聚力，切实把发挥党组织的政治核心作用摆在首位。

（二）贯彻分类指导原则

我国有 10 万多家国有企业，截至 2016 年底，资产总额达到 131.72 万亿元人民币，净资产为 45.3 万亿元人民币，无论从总量还是占 GDP 的比重都是世界各国最高的，涉及行业范围十分广泛，包括核工业、航空航天、能源电力、电信、自来水、金融等等，因此需要制定明确、统一且具有指导意义的分类方法。要根据国有企业所处不同行业或领域、不同业务属性、不同目标责任、不同市场地位进行科学分类，准确界定不同国有企业功能定位，探索分类推进改革、分类调整结构、分类实施考核、分类加强监管等措施。要因地制宜，根据当地经济发展不同情况、所监管企业的不同特点，界定不同国有企业的功能，积极探索、积累经验，有针对性地推进国企改革。

对于保障国家安全和人民生活水平的基础行业，应当维持独资或绝对控股，谨慎引入非国有资本，从而避免非国有资本因为追逐利益而牺牲公众利益。例如，英国水务公司在私有化后，居民自来水价格五年内上涨了 60%。所以，对于交通运输、公用事业、公共工程、建筑等公益类和保障类行业，应当在国家财力允许的范围内加大国有资本的投入，以确保行业正常运转和稳定，实现社会效益为目标。

战略类行业是国家为了实现特定任务而需要进行产业控制的行业，

这类行业应当是混合所有制改革的重点。电信、电力和金融等行业应当适当引进非国有资本，重点打破各种形式的行政壁垒，放开市场准入，这样才能通过内部改善企业治理结构、外部打破垄断来提高经营效率。

竞争性行业是除了保障类和战略类以外的行业，对于钢铁、房地产、信息服务等竞争性行业，我国以往国有企业改革的实践表明国有资本适当退出竞争领域有利于市场的公平竞争，鉴于仍有大量的国有企业涉足竞争性领域，应当为国有资本陆续退出竞争性行业制定合理的时间表。

（三）建立完备的法治环境

进一步完善国有资产立法，健全国有资产监督管理法规体系。围绕规范政府、国资监管机构与国有企业之间的关系，健全国家出资企业投资管理、财务管理、产权管理、风险管理等专项法规，明晰国有资产基础管理制度。清理修订限制非公有制经济发展的法律法规，给予不同资本和市场主体以平等的准入待遇。大力完善保护私人财产的法律制度，确保非公有制经济产权与公有制经济产权同样不可侵犯，促进非公有制经济健康发展。制定非公有制经济进入供水、供气、供热、垃圾污水处理及公共交通等市政公用行业的特许经营办法，从法律上明确非公有制经济进入这些领域的合理回报机制。给予各类市场主体同等的法律待遇，提供均等的竞争机会。

（四）借鉴世界各国的成功经验

世界各国由于各自的国情不同，在制度环境、文化背景方面有较大的差异，国有资产的管理体系也不尽相同。但是，在国有资产管理方面存在许多共同的规律，所以我国国有企业混合所有制改革可以参考英国、德国、法国和新加坡等国家的成功经验。例如，英国对铁路等企业实行黄金股，国家对重大事项具有否决权，或国有资本只有分红权而没有经营权。新加坡淡马锡公司的董事会由政府公务员、民营企业家、专业人士三类人员组成。虽然淡马锡公司为新加坡政府全资控股，但新加坡政府不干预公司在商业运营上的决策，尤其是在投资决策时，政府公务员作为国家股东代表政府在国家宏观利益上行使权力，而在运营效率和经济收益上由其他方面的董事决定，从而有效实现了国家控制和市场运行之间的平衡，明确界定了政府与企业的权利和责任。

四、推动国有企业混合所有制改革的相关举措

《中共中央关于全面深化改革若干重大问题的决定》指出，混合所有制是“国有资本、集体资本和非公有资本交叉持股、相互融合的经济制度”。混合所有制经济在我国出现和发展，主要源于国有企业改革。据国务院国资委的相关数据显示，我国已有超过半数央企及其下属企业开始实行混合所有制，但主要是通过证券市场的形式，而进行产权改革的很少，多数停留在二三级公司，并且规模也不大。在混合所有制改革实践中，我们要抓牢抓实以下相关举措。

（一）围绕产业链增加核心竞争力

推动混合所有制改革，增强国有企业竞争力，要围绕产业链打造核心竞争力，通过高度一体化的产业链经营模式，彻底贯通技术创新链和产品价值链，将其产品的竞争力、成熟的经营模式、丰富的市场经验以及雄厚的资本实力等优势发挥到极致，进而牢牢控制整个行业的研发、

生产加工、市场营销等关键环节，最终确立企业核心竞争力。围绕产业链打造核心竞争力应当着力打造以技术创新链和产品价值链为核心的高度融合的产业链，加强产业链整合与市场细分，扩大劳动分工，提高专业化水平和经济效率，通过整合产业链实现多元化经营，打通相关产业各环节，逐步提高行业的专业化经营水平。这样既能提高产业链融合度，又能提高专业化水平，在提高效率的同时降低了风险。打造多元化的企业发展格局，鼓励跨领域经营的集团公司对相关行业企业进行兼并和重组，并为具有发展潜力和经营特色的小企业创造发展空间，扶持其加快成长，形成市场交叉、功能互补、高效竞争的国有企业发展格局。

（二）充分发挥各类资本的组合优势，建立相互制衡的股权结构

党的十八届三中全会《决定》指出，“各种所有制资本取长补短、相互促进、共同发展”。这里的核心是取长补短，只有取长补短才能相互促进，共同发展。其中，国有资本的长处在于拥有良好的信用资源，熟悉政府工作流程，能够准确把握国家宏观政策的战略意义和终极目标；民营企业的优势在于对瞬息万变的市场能够做出及时的反应，被市场竞争检验过的生存能力，有效的激励机制和快速的决策机制、灵活的用人机制和持续的创新能力；外资企业的优势表现为领先的管理能力、先进的技术水平和全球范围内的资源配置能力。以湄洲湾的一个石化基地为例，四家股东分别是美国的埃克森、中石化、沙特的石油巨头、福建的一个国有资产公司，公司在国际市场上都有很强的竞争力。

现代企业能够吸纳大量投资者的根本原因就是能够有效兼顾各类出

资人的利益，而其核心就在于建立相互制衡的股权结构促使企业高效运转，以此来规避“大股东侵占小股东利益”“小股东侵占国有资产”和“高管层代理成本过高”等现象，实现利益分配的多赢局面。所以，混合所有制企业不仅要实现股权多元化，更为重要的是实现股权结构的相互制衡。一方面，要实现股权结构的相对集中，在市场经济发展较为成熟的欧美国家中，股份相对较多的股东拥有 10%～20% 的股份，在企业中实现了相对控股，这种相对控股可以有效规避一股独大和股权分散的严重弊端，也提供了行使股权的足够激励。另一方面，股权制衡也应当迫使拥有较多股份的股东在试图通过决议时得到小股东的认可，从而可以保障小股东的利益。

有效制衡就是要在企业内部完善股东大会、董事会、监事会和管理层的功能并切实发挥作用，建立外部董事制度，在董事会下面设立战略、提名、薪酬与考核等专门委员会，逐步形成出资人、董事会、监事会、经理层各负其责、协调运转、有效制衡的现代企业制度，使企业经营机制进一步得到转换。给予非国有资本股东和国有资本股东平等的权利和同等的保护，真正激发国有企业活力，最终实现混合所有制改革的目的。

（三）完善职业经理人制度和市场用工制度

国有企业领导人的身份在政商之间来回切换的事实，往往会对国有企业经营者的工作动力和努力方向产生困扰。这种经营者长期利益和国有企业的长期利益的不一致往往也是民营资本投资国有企业的困惑之一。本轮国企混合所有制改革中政府要实现从“管企业”向“管资本”转变，本质上也是一种在企业具体事务方面的放权。

推行市场化导向的选人、用人机制，加快建立职业经理人制度。实行更加市场化的选聘和退出机制，推行职业经理人制度，更好发挥企业家作用。人力资本只能激励，不能压榨。人的劳动与创造能力隐藏在人体之中，如果不能引入有效激励机制，人力资本所有者就可能在固定收入下最小化自己的劳动供给。一方面，要使企业家能够有真正的权利，即在董事会的授权下，按照自己的职责独立自主行使职权，并能够获得合理的薪酬；另一方面，要有责任追究和退出的机制，按照有效的绩效评价结果，对没有履行职责的要进行责任追究。通过建立激励约束机制，充分激发企业家精神，推动国有企业健康持续发展。当前可选择的是引入以年薪制、奖金、股票期权计划、退休金计划为主要内容的“最优报酬计划”，将经理人对个人效用最大化的追求转化为对企业利润最大化的追求。

（四）完善管理层激励机制，探索混合所有制企业开展员工持股制度

市场化的激励约束机制是本轮国企改革的热点之一。国有企业领导人员收入应与职工收入、企业效益、发展目标形成联动，行业之间和企业内部形成更加合理的分配激励关系。不仅要有激励机制，也应引入业绩挂钩、财务审计和信息披露、延期支付、追索扣回等约束机制，规范高管行为。市场实践中常见的长期激励工具多种多样，有基于现金的奖金池计划、股票分红权计划等，也有基于福利的退休金计划、医疗保险计划，更有基于真实股权的员工持股计划等。应根据监管环境及市场实

践、企业的发展阶段及未来的战略规划、财务状况及未来的预期（主要考虑公司的现金流），以及股东的意愿及激励对象的预期，选择适合的长期激励工具或长期激励工具组合。

在程序合法、操作规范的前提下，允许企业员工采取增资扩股、出资新设或以法律、行政法规允许的其他方式持股。建立和完善员工持股有序进退机制并规范关联方行为。优先支持人才资本和技术要素贡献占比较高的转制科研院所、高新技术企业和科技服务型企业开展员工持股试点，支持对企业经营业绩和持续发展有直接或较大影响的科研人员、经营管理人员和业务骨干等持股。

（五）探索混合所有制企业的有效监管机制

混合所有制改革将带来管理的扩张，需要将成熟的管理体系向新设立（或并入）企业进行有效移植，以利于高效监管。为更好地落实集团战略意图，防范经营风险，集团对于新设（或被并购）企业的管理应从通过单一的外派人员进行管理，转变为充分利用人员委派、综合评价体系、制度体系、信息化建设体系四大管理手段的综合管理，使集团对新设企业的管理模式从资本输出向管理输出和文化输出转变，使得新设（或被并购）企业更好地融入集团统一管理。在日常监管中，可通过“事前”的目标与计划或预算，“事中”的执行监控、分析报告和“事后”的绩效管理，全面落实战略定位，建立混合所有制企业既灵活又有效的监管机制。

（本文系作者2017年3月至6月参加中共中央党校第68期厅局级干部培训班学习时的毕业论文）

以混合所有制改革为契机
推进国企治理结构建设

国有企业在我国国民经济发展中发挥着重要的作用。随着改革开放进入深水区，国有企业的全面深化改革已经步入新阶段。习近平总书记在全国国有企业改革座谈会上强调，国有企业是壮大国家综合实力、保障人民共同利益的重要力量，必须理直气壮做强做优做大，不断增强活力、影响力、抗风险能力，实现国有资产保值增值。这为我们正确推进国企混合所有制改革划定了红线、指明了方向、确立了标准。当前混合所有制改革中最迫切最亟待解决的就是国有企业的治理结构问题。这需要我们直面问题，积极推进国企治理结构建设，撸起袖子加油干，敢于攻坚克难，啃下这些“硬骨头”。

一、国有企业治理结构存在的主要问题

随着国有企业体制改革的不断深入，国有企业的公司治理取得了很

大成绩，同时，也呈现出诸多弊端，主要表现在“老三会”职能弱化、董事会机构设置不健全、监事会职能受限等方面，严重影响了公司治理结构的完善。

“老三会”职能弱化。“老三会”是指党委会、职代会、工会。尽管当前“老三会”在企业经营决策、人事任命、监督董事和经理行为、调动职工积极性、调节经理层与职工关系等方面仍发挥重要作用，但是“老三会”中党委会对公司的控制力、影响力正在减弱，党组织在企业中的权威性不断受到挑战，职代会、工会在企业中则呈现出淡化边缘化的倾向。

董事会机构设置不健全。国有企业虽然均按《公司法》的规定设置了股东大会、董事会、监事会、经理层等组织机构，但是在组织机构履行职能的过程中，董事会的问题却日益凸显。首先，是董事会的决策力量日渐强大，甚至凌驾于股东大会之上。其次，是董事会的机构设置也存在许多不合理之处，缺乏专业性的附属机构，相关的审计委员会、人事任免委员会、薪酬与分红委员会等机构不全或者没有。最后，是董事的任职资格、内外董事比例、外部董事聘任程序等方面不正规、不透明。

监事会监管职责不到位。按照《公司法》规定，监事会代表股东会独立行使监督职能，其监督对象是董事会成员和经理层，对股东大会负责。虽然我国上市公司监事会与董事会是相互独立、各司其职的机构，但在企业实际操作中，监事会只能履行部分监督职能，尤其在一些国有控股上市企业中，监事会无法参与任免董事会和经理人员，很少参与公司战略性决策，这使得监事会职能受到极大限制。

二、正确认识国有企业的治理

国有企业进行混合所有制改革，是国企改革的重要“突破口”。开放竞争性业务、破除行政垄断、打破市场垄断，推进政企分开、政资分开、网运分开、特许经营，将对解决国有企业治理结构存在的问题具有积极的促进作用。党的十八届三中全会《决定》明确提出积极发展混合所有制经济。国有资本、集体资本、非公有资本等交叉持股、相互融合的混合所有制经济，是基本经济制度的重要实现形式，有利于国有资本放大功能、保值增值、提高竞争力，有利于各种所有制资本取长补短、相互促进、共同发展。

发展混合所有制，有助于国有资产保值增值。通过引入新的战略投资者，可以在完善股权结构的同时，更好地完善经营决策机制，更好地形成市场化的管理机制，有助于提高企业决策的质量和水平，进而提高企业投资和经营管理的效率。那些关乎国计民生的重大战略性科技研发，其初期投入巨大，研发风险高，并不会很快带来回报，私营企业不愿意投资这些领域。国有股份所代表的是全体人民利益，出发点更加长远，有利于这些企业形成更有利于国计民生的决策。

发展混合所有制，有利于提高国有经济竞争力。混合所有制的不断推进对“新三会”（股东大会、董事会、监事会）与“老三会”的关系，特别是“新三会”与党委会的关系，产生积极的影响。多数国有独资和国有控股公司的党委书记和董事长由一人兼任，而在混合所有制企业中，就可以厘清两者在职能划分上的重叠与模糊。正是从这个意义上说，一旦企业实现真正意义上的混合所有制，党政机关与企业经营的关系就能容易解决。

发展混合所有制，最终会有利于放大国有资本功能。混合所有制建立的最大好处，就是为各种所有制经济成分搭建一个平台，大家相互合作，相互制约，通过优势互补来吸纳多种所有制经济，更好地提升国有企业效益，使其成为真正的社会主义市场经济主体。当今社会生产力发展迅速，这就要求有与其相适应的生产关系。不管是单一的国有制、纯粹的集体所有制，还是私有制的股份制都难以满足经济社会发展的需求。混合所有制是人类社会不断进化在产权关系上的一个必然表现，因为现代社会的发展不单单需要会赚取最大利润的组织，更需要兼顾社会整体的利益。

三、推进改革完善国有企业治理结构

国有企业的公有制产权属性是中国特色社会主义的本质特征，完善国有企业的治理结构必须坚决维护国家和人民的利益，这就要求国有企业必须通过党组织发挥作用来实现和维护人民的根本利益。中国特色现代国有企业制度，“特”就特在把党的领导融入公司治理各环节，把企业党组织内嵌到公司治理结构之中，明确和落实党组织在公司法人治理结构中的法定地位，做到组织落实、干部到位、职责明确、监督严格。这为推进混合所有制经济，完善国有企业的治理结构明确了方向、提出了要求。

党对国有企业的领导是完善国有企业治理结构必须遵循的原则。确保混合所有制企业发展的正确方向和党对混合所有制企业的政治领导，既是当前重大的理论问题，又是紧迫的实践课题。国有企业党组织发挥领导核心和政治核心作用，归结到一点，就是把方向、管大局、保落实。要明确党组织在决策、执行、监督各环节的权责和工作方式，使党组织发挥作用组织化、制度化、具体化。要处理好党组织和其他治理主体的关系，明确权责边界，做到无缝衔接，形成各司其职、各负其责、协调运转、有效制衡的公司治理机制。一些混合所有制企业存在党组织不健全、党组织内部管理比较松散等诸多沉疴痼疾。这是国有企业党的领导弱化虚化淡化的具体表现，其根本原因是主体责任缺失，管党治党不严。因此，必须加强“党管国企”在混合所有制改革中的严格落实，切实让企业的党组织和党组织负责人将贯彻执行党的路线、方针、政策，开展党的活动，发挥党组织的作用放到首位，“要让支部成为团结群众的核心、教育党员的学校、攻坚克难的堡垒”。确保党在混合所有制企业中发挥领导核心和政治核心作用。

积极放开国有企业产权结构。2015 年 9 月，国务院印发《关于国有企业发展混合所有制经济的意见》，提出结合电力、石油、天然气、铁路、民航、电信、军工等领域改革，开展放开竞争性业务，推进混合所有制改革试点示范。尽管我国的央企及其下属企业引入非公资本形成混合所有制的企业占企业法人总数已经达到 68% 左右，地方国有企业的这一比重还要略高，虽然搞混合所有制企业不一定要扩大到全体国有企业，但总体来看还有很大的空间。这里需要特别注意的是，并不是所有的国有企业都要改制成混合所有制企业。尤其是一些涉及民生利益的行业，必须控制在公共部门，但可以在一定范围内施行竞争。

正确引导非公有资本与公有制经济的深度融合。党的十八届三中全会为“混合所有制经济”注入了新的内容，指出“国有资本、集体资本、非公有资本等交叉持股、相互融合的混合所有制经济，是基本经济制度的重要实现形式”。非公有资本是我国改革开放以后才出现的新兴资本，活力较强。但是，也存在着先天与社会主义不相符合的因素，因此需要公有制经济参股，来对其进行一定程度的“改造”。同时利用规范的资本市场，进行并购重组，使这些企业的股权多元化，兼有不同所有制经济的成分，这样既保证了经营效率，又维护了社会主义基本原则。探索国有资本进入培育互联网企业的新方法新途径，着力打造一批形态多样、手段先进、具有较强竞争力的互联网混合所有制企业。

建立员工持股制度，让员工参与企业治理。从 2017 年来看，员工持股是体现社会主义经济的最好方式，也是混合所有制建设的重点。员工持股计划使员工兼具公司的劳动者与所有者双重角色，可分享公司发展的成果，有助于提高员工的劳动干劲和热情。落实职工群众知情权、参与权、表达权、监督权，充分调动工人阶级的积极性、主动性、创造性。通过员工持股计划可以实现劳动者与所有者风险共担、利益共享，挖掘公司内部成长的原动力，提高公司自身的凝聚力和市场竞争力。员工参与持股计划获得公司股票，一定程度上改变了公司股东的构成，员工以股东身份参与公司的日常管理，将促进公司治理水平的改善。

（本文原载于《新湘评论》2017 年第 6 期）

反思国有股减持

一、对当前国有股减持方法的评析

党的十五届四中全会通过的《中共中央关于国有企业改革和发展若干重大问题的决定》指出："选择一些信誉好、发展潜力大的国有控股上市公司，在不影响国家控股的前提下，适当减持部分国有股，所得资金由国家用于国有企业的改革和发展。"这项决定对完善上市公司的法人治理结构、规范证券市场行为具有极其重要的意义。截至 2001 年 10 月底，我国沪深两市共有 1200 余家公司挂牌上市，其中国有股和法人股约占近 67%，可流通股本占 33%。如何解决国有股、法人股上市流通问题已成为制约证券市场规范化发展的重要因素。

2001 年 6 月 12 日，国务院发布了《减持国有股筹集社会保障资金管理暂行办法》，困扰中国资本市场 10 年之久的国有股流通问题正式开始运作。据统计，自 2001 年 7 月 25 日至 9 月 30 日，共有 15 家企业发行新股并按 10% 的比例减持国有股，该政策一推出就引发二级市场的强烈反应，股市出现了自 1999 年“5 · 19 行情”以来的最大深幅下挫，上证指数在短短四个月内从 2245 点一路跌落至 1600 点以下，跌幅高达 30%。三个月来，国家累计从国有股减持中套现仅 10 亿元，但是股市市值已跌去 3000 亿元。由于市场低迷，印花税收入也大为减少，大量拟增发新股捆绑减持的上市公司遭到投资者的“用脚投票”，并由此引发了一场信任危机。

众所周知，国有股是经济体制转轨时期的特殊产物。2002 年我国股票发行和上市基本都由行政机制来控制，一级市场发行的股票在某种程度上仍属于一种稀缺资源，一级市场上囤积着 7000 多亿资金，这实际上是把国有股强行地搭配给股票市场，客观上演变为一种“圈钱”行为。只具有“圈钱”功能而不具有资源优化配置功能，一直是我国股市存在的最主要弊端。从我国股市的现实情况来看，这样的减持方式显然是市场根本不能接受也无力承受的，其结果必然是无限拉长国有股和法人股的减持过程，从而使得上市公司中“一股独大”、法人治理结构问题会在一个较长时期内延续下去。

加入 WTO 必将加速我国证券市场与国际接轨的进程，与国际资本市场接轨意味着我国资本市场的市场化。这样，我国证券市场必然要引出三个基本变化：股票发行市场化、引入退出机制、法人股全部流通。国有股减持大方向正确，但是依照现行的国有股减持方案，把本来属于两个不同市场中的、不等值的东西，硬性地从低价市场拿到高价市场去卖显然是不合理的，一个失去了公平的市场最终会被投资者所抛弃。

二、国有股减持方式多样化分析

结合中外历史经验，国有股减持方法应该多样化而且必须多样化，我们可以考虑采用以下几种方法来解决已上市的国有企业减持国有股的问题。

配售方式。配售是指国有股向特定的投资人转让。按照国外惯例，老股东有优先受让股份的权利，国有股配售对象是原有的个人股东及部分机构投资人，通过配售上市公司的部分国有股，国家可以套现部分资金。配售方式的主要问题是如何制定国有股配售价格。

在国有企业改制上市的过程中，国有资产经过评估，已经出现了较大幅度增值，并且基本上是按面额折股，通过上市时向社会公众高溢价增发，国有股的净资产已经有了较大幅度的增值，即使按净资产减持，国有股的持有者也已经得到了比较多的溢价收入。但现在的减持方案没有考虑国有股形成时的定价过程，却以几十倍的市盈率向社会出售。我们认为，国有股配售价格应高于净资产值、十倍市盈率以下。国有股配售相当于公司的总股本不变，流通股本增加，对二级市场构成扩容压力，流通股价会下降。

场外交易方式。据市场经济发达国家的经验显示，场外交易转让股权可以极大弥补股票交易所市场的不足。积极发展场外交易市场，允许上市公司国有股尝试柜台交易，使证券交易体系形成多层格局。

场外交易转让意为在柜台进行交易，从中国证券市场发展趋势来看，必将形成证交所与柜台交易市场并存的格局，这是国有股得以市场化运作的根本前提，也是我国《证券法》在将来修改时无法回避的重大法律问题。但在 2002 年，柜台交易市场的定位和合法性难以得到保证，必须制定有关法律法规来规范这种交易行为。

回购方式。回购是国有上市公司购回部分国家股东持有的本公司股票，然后注销，以达到减持国有股的目的。我国《公司法》规定："公司股本总额超过 4 亿元的，社会公众股比例不得低于 15%。"如果公司有足够的现金余额，均可以进行股票回购。股票回购以后总股本减少，大大提高每股收益，公司内在价值得到提升，并且市盈率降低，拓展股价上升空间。申能、云天化两个上市公司提出回购国有股方案来减持国有股的试点，二级市场反响较好。

国有股通过回购方式减持，对二级市场不构成扩容压力，也不争夺市场资金，这是其重要特点和优点。然而回购国有股，消耗了大量现金，对公司发展产生一定影响，但只要公司经营现金充足稳定，股票回购后不对正常的生产经营产生影响，就可以进行回购。在公司发展过程中，如果有好的项目要投资时，可及时融资，提高资金利用效率，使股东权益最大化。申能股份成功地以 2.51 元每股的价格回购了 10 亿股国有权，减持了国有股份，实现了国有资产的保值增值的目的。

股转债方式。国有控股股东通过向公众投资者发行可转换债券，能够逐步解决国有股减持问题。发行可转换债券，兑现国家股的主要步骤是：国有资产管理局直接或间接持有上市公司的国家股，以此作为标的资产，公开发行可转换债券，该债券的信用等级与国库券相同，而且可以上市交易。其优点是能够比较准确地控制国有股释放过快造成市场震荡，使国有股能够平稳地上市流通，而且由于可转换债券吸引的是储蓄资金，与股市争夺资金的压力不大。

发行可转换债券的上市公司应是偿债能力较强、资产负债率较低、现金流量稳定的公司。这些债务既可以分期偿还，也可以上市交易，按照国有股本—可转换债券—流通股本的形式转换。利用举债来减持国有企业股本在国外有此做法，通过发行可转换债券，调整公司的资本结构，使股东利益最大化。上市公司的总股本及净资产减少，企业的净资产收益率及每股收益将会有所提高。对二级市场来讲，既不构成扩容压力，又不争夺市场存量资金，对股票投资者是有利的，但是这种方法只适用于素质较好的少数上市公司。

以上方式是对已上市的国有企业而言，未上市的企业可以采取以下方式来减持国有股。

合资合作方式。一是通过与国际上处于行业领先的跨国公司合资合作减持国有股，这种方式能同时满足吸引外资和调整产业结构两方面的要求。该方式有助于中国在加入 WTO 后，国内企业通过与国外同行业领先的跨国公司合作，提升国有企业的市场形象和国际竞争力。

二是通过与国内的非国有企业合资减持国有股。伴随着经济的快速发展，企业两极分化不断加剧，一批处于行业排头兵位置的非国有企业的资产规模和市场份额迅速增长，其中有实力、有愿望与国有企业合资合作的企业将会越来越多。国有企业应该以积极认真的态度，积极参与到资本运营的大潮中去，而不应抱有歧视性心态来予以回应。

另外，通过与非国有企业的合资合作方式，也将进一步促进国有企业的股份多元化，有利于加快国有企业的重组和改造步伐，提高管理技能，完善国有企业的法人治理结构和组织管理结构，对国有企业的持续发展产生深远影响。

挂牌上市方式。国有企业上市可以直接与社会广大投资者进行沟通，通过国有股的流通可以使之得到减持，有助于解决不上市时个别投资者实力不足、投资收益无法得到保障的缺陷。减持国有股不但引起企业产权结构的变化，改进收益无法得到保障的制度性缺陷，而且将引起企业产权结构变化，促进企业法人治理结构的规范和完善，改变一些上市公司“只圈钱，不改制”的状况。

国有企业以上市为契机，引入一些有产业背景的战略投资者，会对企业重组发挥积极作用。企业既可以在国内上市，也可以到海外上市，参与到国际资本运营的大环境中去。中国政府和中国证监会也明确支持有实力、有良好市场形象的国有企业到海外上市。特别是中国加入 WTO 后，国有企业海外上市的步伐也将加快，通过海外上市融资，扩大企业生产规模，提升企业核心竞争力，也达到减持国有股的目的。

设立“中间体”方式。这种方式就是通过国有投资公司或新成立国有投资公司推动国有股减持。其操作思路是由具备条件的国有投资公司先将国有企业的部分股权承接下来，对这些企业进行重新整合，再择机通过“一级”“一级半”市场或其他投资银行业务活动将这些股权减持变现。这是一条可能性较大的减持渠道，新设国有投资公司与下属企业只是投资者与被投资者之间的关系，不是简单的行政隶属关系，其主要职能是股权管理和国有资产经营等，逐步淡化对下属企业的生产经营控制和财务人事管理。

三、国有股持减具体方法：设立“中间体”

国有股“减持”不等于立即变现，而是要结合股权多元化来运作，在需要变现或需要在资本市场上运作时再变现。市场化运行中还有一种缺陷，就是到底按什么价格出售问题，上市公司国有股配售不太成功的主要原因是缺少中间体。因此，国有企业减持国有股需要构造一个中间环节。

比较多种减持方案，能够同时满足多方面政策目标的一个创新思路是让国有大型投资公司参与减持，并在其中承担“主要角色”责任。其基本思路就是搭建“一级半”市场，具体操作思路是：首先由投资公司在场外将减持的国有股承接下来，然后再通过一定的退出机制使这些股权加入市场流通。在具体操作过程中，有四个关键环节需要认真加以解决。

筹资环节。国有投资公司如何筹集资金是国有企业减持股份的首要环节。投资公司购买国有股主要资金来源有：一是股票质押贷款；二是国家筹集启动资金；三是成立若干专门投资基金。国有投资基金的主要出资人包括保险资金、境内机构投资者、境外机构投资者及社保基金等。

定价环节。决定“减持”操作成功与否的关键点在于定价问题。国有股的最初成本和二级市场之间存在着巨大的价格差，这将涉及如何定价和由价格差形成的利益如何分配的问题。国有股价格定在每股净资产之上、十倍市盈率以下。定价过低，国有资产流失；定价过高，国有股难以配售流通，必将对二级市场引起较大负面影响。至于由价格差形成的利益分配问题而言是次要的，国有股减持所得利益用于建立社会保障基金和国家技术创新基金等。

整合环节。国有投资公司在持有国有股后并不是简单地“持股待涨”，或“待价而沽”，而是真正充当出资人代表，在上市公司充当股东，参与企业的生产经营活动。国有投资公司对持有的股权经过必要的整合，借助证券市场或者其他投资银行业务，减持国有股，促进了企业的股份多元化。

退出环节。国有投资公司参与“减持”国有股方案能否成功，最终取决于能否建立合理的退出机制。国有投资公司持有大量的国有股，其最终目的是让国有股到二级市场上流通。退出方式有：一是直接出售，在条件成熟时直接向二级市场投资者出售；二是协议转让，在资本整合过程中，向其他国有企业或基金等市场中的战略投资者协议转让，向海外投资者转让；三是挂牌上市，将所持有股份组合为新的企业上市或募集新的基金专门持有。通过“退出”机制使全部国有股实现可流通，这是投资公司参与减持的最终目的。

国有股减持对中国证券市场有着极其深远的积极意义。我国上市公司虽然进行了股份制改造，但是由于国有股东持股比例过大，特别是在企业中，真正意义上的法人治理结构并没有出现，公司生产经营重大决策仍是由大股东拍板，股东大会在很大程度上只是例行公事。企业的高级管理层并不一定持有公司股票或者只是象征性地持有少量公司股票，公司经营好坏与其切身利益并没有太大直接关系，这就造成所有者“缺位”，导致公司治理中的“内部人控制”现象十分严重，市场约束、评价、监管功能失效，证券市场在资源配置方面效率低下，市场结构性缺陷突出，经营者漠视中小股东利益，这明显有悖于现代企业法人治理结构的初衷。因此，完善企业法人治理结构，让真正与公司利益息息相关的投资者能够参与到公司的生产经营活动中，是非常必要和迫切的。

我国“十五”时期，调整和完善产业结构的重要内容，将是在部分竞争性行业中适当收缩国有经济，使运营效率较低的一部分国有资本退出原来的竞争领域，同时转移到国民经济发展的重要行业、关键领域和优势企业中去，支撑、领导和带动整个社会经济的发展。通过国有股的适当减持，不仅可以提高国有资本的运营效率，同时也扩张了其他所有制经济的发展空间，从而最终达到提高国有经济整体运行绩效的目的。

（本文原载于《中国统计》2002 年第 3 期）

企业购并与政府主体角色

1999年，我国企业购并存在着五类风险：行政干预风险、多元化风险、磨合风险、收购方自身实力风险、财务风险。为了引导企业购并由行政性购并向市场性购并转变，必须着力于以下几个方面的培育：购并市场政府角色的培育；购并市场人力资源的培育；购并市场法律体系的培育；购并市场中介机构的培育；购并市场社会保障体系的培育；购并市场企业组织结构的培育。

一、企业购并，简单地说，就是对存量资产的重新组合

我国企业购并主要有两层含义：从宏观上说，它是对国有存量资产在全国范围内不同地区、不同行业、不同所有制之间的分拆、裂变、流动和重新组合，从而实现产业结构的调整和优化。从微观上说，它是一个企业对自己所支配的资产根据需要在企业内部、集团内部及与企业外部进行的交换和组合，以改变企业的资产结构和产品结构，进而提高企

业的经营效益。理论上讲，企业购并可以促进资源的优化配置，有利于产业结构的调整，有利于企业综合素质的提高，可以增强企业的市场竞争力，使企业实现低成本扩张，从而使一批上市公司由小变大，由弱变强，业绩大幅度提高，同时给二级市场以丰富的题材和巨大的想象空间。但从我国企业购并已发生的实际效应来看，一些公司业绩迅速改观，从此步入了稳定增长的行列，但也不乏购并无效甚至失败的例子。企业购并并非一贴“万灵药”。

那么，某些上市公司企业购并结果与初衷相背离，未能产生预期的效应，原因何在呢？由于我国经济体制正处于转轨时期，股市发展尚处于初级起步阶段，资本运营的体系远未完善，许多制约企业购并的根本问题还未解决，致使企业购并面临较大的风险，具体而言有以下五类风险：

行政干预风险

企业购并过程中，有很大一部分是政府行为，而非企业行为，特别是在实施集团化的时候，“包办婚姻”“拉郎配”的色彩仍然较浓。在原先的国有企业改革过程中所涉及的集团公司组建、上市公司建立及现代企业制度完善三者并未有机地结合，没有按照一体化的思路去融合国家产业发展、企业集团发展和资本市场发展之间的密切联系，没有按市场的需求去调查企业集团内部的管理机构。后果便是：尽管在表面上体现为集团公司，但其架构缺乏层次感，包括人力资本和物质资本没有得到合理配置和运用，资本运作处于相对混乱的状态。例如，四川攀枝花钢铁公司在有关方面的干预下于 1992 年 6 月兼并渡口钢铁厂，由于积重难返，最终导致渡钢无力扭亏为盈，到 1992 年 8 月，已累计亏损 4200 万元，负债 9000 余万元，使攀钢背上了沉重的债务负担。

多元化风险

有部分上市公司主业经营陷入困境，便试图借助企业购并来扭亏增盈。于是，什么行业赚钱，它就通过收购此行业中的企业来介入此领域，以谋求高额的投资收益，弥补主业之不足，是所谓的“东方不亮西方亮”，公司又美其名曰“向投资型公司转变”，但结果往往并不遂人愿。由于公司对要介入的新领域缺乏经验，盲目实行多元化发展，导致多元化投资并不能获得预期的回报，反倒增加了风险，甚至成为公司的沉重负担，而且由于不务正业，公司的主业进一步陷入困境，结果是“东方西方哪方都不亮”“芝麻西瓜一起丢”。此类由企业购并而带来的多元化风险，在我国上市公司中不胜枚举。例如，延中、爱使、申华等公司主业不明，投资分散，经营业绩一直在中下游挣扎。当前又有大批业绩不佳的上市公司一窝蜂地购入高科技企业，试图摆脱困境，不知它们是否了解高科技行业的高风险性。

磨合风险

买壳方与上市公司的“磨合”度难以把握，企业买壳上市后，合并后的企业在管理体制、经营战略、人事安排、企业文化等方面都需要有一个“磨合”过程，这一过程在我国现有体制环境下显得极为艰难。首先，在国家股占多数的上市公司中，国家股主体代表缺位，“内部人控制”现象较为严重。对于一些原有上市公司管理层而言，不论其以往经营企业是否有方，他更关注的是个人利益和职位权力。将企业这个“壳”让给其他企业来经营管理，在一些经营者眼里视为不光彩的事，卖“壳”以后，自己的领导位置在哪里？自己经营不好企业，又不愿放弃管理权，结果是个别管理者情愿让“壳”资源分布行业和地区都较广，买壳行为也可以超越时间、空间和行业的界限，但若是买壳企业对目标企业的产品、市场、行业景气、财务状况及对购并态度缺乏了解，或者地方政府对来自异地的购并采取消极态度，就有可能使买壳企业处于尴尬境地。因此，如果对壳公司所处的内外环境不做详细地了解，就很难在企业买壳后产生协同效应，即使花巨资取得上市资格后，也难以取得预期业绩。例如，深圳创世纪对苏三山企业购并失败原因就是，收购前对苏三山的情况了解不够，对购并前景盲目乐观，且对合并后的经营机制一直难以理顺，使得创世纪的改造计划无法取得成效。苏三山终因连续 3 年亏损而遭停牌，创世纪把自己的部分优质资产赔在里面之后，铩羽而归。

收购方自身实力风险

自身马力不足又如何能拖得动购并后的大车上坡。许多购并行动往往因为收购方自身实力不足，并未能取得预期的成效，有的收购方甚至被购并对象拖入泥潭。以“康凤事件”为例，康恩贝在入浙江凤凰前一年，即 1993 年，总股本为 8100 万元，总资产为 2.1 亿元，股东权益约为 13326 万元，税后利润 2014 万元，而当年浙江凤凰总股本为 5214.5 万元，总资产为 2.06 亿元，两家公司规模差不多，母公司对目标公司（浙江凤凰）企业购并的支持能力也就十分有限了。特别是在两家公司效益同时滑坡时，母公司自然无法注入更多的优质资产来维护目标公司的业绩了，从而处于一种无能为力的境地。康恩贝入主浙江凤凰两年，帮助浙江凤凰开发出维肤康系列产品，并按康恩贝模式将生产和销售分离开来，但康恩贝还是感到以自己的资金实力，不仅难以让浙江凤凰摆脱困境，而且还可能把自己也拖垮，因而急流勇退，将它所持有浙江凤凰的股权转让给华源集团。

财力风险

一般来讲，企业是不可能完全通过自有资本来完成一项大型的企业购并的，不少企业希望通过杠杆兼并（即融资式兼并）方式来完成购并工作，但这样做的财务风险比较大，特别是当市场发生变化而决策又出现失误的情况下，其财务风险就更大了。例如，1988 年，加拿大富翁罗伯特·坎波属下的坎波公司斥资 66 亿美元收购美国 3 家大百货公司，在收购中所用的资金除银行贷款外，还有大量的年息为 15% 的垃圾债务。最终，该公司由于无法支付巨额利息而发生财务危机，不得不宣布破产。在财务方面，还要注意目标企业债务链延伸方面的风险。一般来说，收购方为了保持目标企业的持续经营，很难阻止目标企业债务链向收购方的延伸，甚至会自觉不自觉地成为目标企业债务的承担主体，这就产生了收购方的偿债能力问题。收购方一定要仔细分析目标企业的资金财务状况，以避免双方都陷入债务危机之中。特别是在我国，由于融资途径和购并价款支付方式的限制，实施企业购并所需的巨额资金更是给收购方造成了巨大的财务风险。

二、我国特殊的体制背景，使政府成为事实上的企业购并主导者

政府是企业购并的准主体，并没有被《公司法》赋予企业法人地位，却以所有者身份对上市公司企业购并的有关重大问题，如目标公司选择、购并价格等，拥有最终的决定权，因而处于事实上的主体地位。上市公司名义上被《公司法》规定拥有法人财产权，即具有名义上的主体地位，但却并不拥有实际行为能力，处于政府决策的执行者地位。上市公司董事会也成为准政府，董事会的组成人员基本上由政府委派，其中包括拥有政府行政级别的原国有企业厂长经理，而股东大会、监事会基本上处

于形同虚设阶段，而且实际上又处在董事会的领导之下；董事会的责任目标并不是利润或市场份额的扩大，而是政治的、社会性的，诸如就业、社会保障等目标。

政府在主导企业购并的行为中，其主体性表现在以下几个方面：

购并对象的选择

据统计，在 1997 年实施过企业购并的 282 家上市公司中，近 70% 的购并是在当地实现的，其中又有超过 50% 的购并属于关联购并。许多公司都是在地方政府的主导下通过国有股在当地企业间的划转实现的。显然，有些公司的购并是成功的，从政府角度说，这一购并行为保证了壳资源在本地区的固化，达到了政府某种意义上的政策目标；从上市公司看，政府的主体性购并行为确保了它的扭亏为盈或配股资格，实现了短期的微观目标。

购并价格的选择

许多上市公司的购并，无论采取什么样的购并方式，购并价格都是由政府部门最后敲定的。以黄河科技为例，ST 黄河科技 1997 年经陕西省国有资产管理局批准将土地有偿转让给长岭黄河集团，协议价格 65 万元 / 亩，共计收入 4182 万元，共获取利润 2358 万元。政府主体性购并行为，既参与交易，又组织交易，有可能低价成交，造成国有资产流失；也有可能私下达成某些不利于上市公司长远发展的协议，如“寻租”。这在非关联购并中表现尤为明显。

购并方式的选择

据统计，1997 年深沪上市公司 282 个购并案例中，属兼并收购类购并的有 133 家，其中关联购并 43 家，非关联购并 90 家，并购类购并就占了全部购并的 47%。再看看结构就会发现一个共同特征，就是这些购并中绝大部分上市公司及其购并对象处在同一区域，分属不同的主管部门，从事不同的行业。从业绩看，要么上市公司微利或亏损，配股资格行将失去，需要政府来拯救；要么上市公司情况较好，政府指示它去购并较差的国有企业。可见，兼并收购类购并中，政府的主体性特征表现尤为突出。

购并目的选择

绝大多数上市公司往往是地方经济中的佼佼者，在资本市场上获得了能够直接融资的通行证，而一些地方的国有企业在转轨的过程中陷入困境，步履艰难，一些地方政府出于自身利益的考虑和社会稳定的需要，强令上市公司去购并这些受困的国有企业。政府往往采取对受困企业进行债务购并、不良资产剥离、减税、减息等治标而不治本的措施，一定程度上减轻了企业的负担，但企业的资产结构并没有得到实质性的改善，竞争力并没有因此得到提高，企业仍再度陷入困境。

购并人力资源的选择

人力资源作为企业的“活”资源，在企业的生产经营活动中起着决定性的作用。企业的人力资源包括企业的管理层和企业的员工，企业管理层虽然在企业中只占少数，但却承担着企业生产发展的主要责任，由此，海尔集团提出了“80/20 管理原则”，即企业关键的少数（20%）决定非关键的多数（80%）。企业购并过程中的人力资源配置非常重要，政府在人力资源配置上难以解决的问题包括以下两个方面：（1）对企业现有的人员进行优化配置，分流富余人员，择优上岗，解决长期以来困扰着国有企业人浮于事、效益低下的问题；（2）使企业职工和管理层观念彻底转变，使之熟悉和掌握市场经济固有规律，适合上市公司规范化管理的要求。政府对于这两个问题的妥善解决与否，将直接影响到购并企业的发展。

三、市场经济条件下的资本市场、资本经营

市场经济条件下的资本市场、资本经营本质上讲，从宏观上优化地区、产业经济结构，实现资源的优化配置，从微观上促进企业改善产品结构，扩大市场份额，提高市场占有率和自身竞争能力，实现企业的规模经营。显然，一些地方政府和上市公司的做法是一种短期行为，是舍本逐末的，但在现有的制度安排及政治、经济背景下，这种行为又是合理的。问题是，我们的制度设计能否引导企业购并且由行政性购并向市场性购并转变，使上市公司始终盯住两个市场，一个是国内统一大市场（而不仅仅是区域性的市场或封闭的市场），另一个是国际市场（参与国际分工），不断提高自身的竞争能力。

世纪之交，面临世界产业大转移和自身产业大整合，中国必须重拳出击，提高速度，加快进度，把握机遇，迎头赶上世界和历史的潮流。但是，由于地方割据，市场分割，政企难分，企业机制固化，中国时下的企业购并从总体上看似乎是一场如火如荼的准政治运动，各地方政府像完成政治任务一样主导、包办企业购并。事实证明，行政性购并代替不了市场性购并，凡企业双方非自愿、通过行政捏合“拉郎配”式的购并已经遭到失败并将继续失败，从某种意义上说，这种购并行为实际上透支着未来。因此，当务之急，是着力培育市场机制，维护市场机制，大力支持和推动市场性购并，尽管这样做保证不了速度或者放慢了速度和进度，但是“磨刀不误砍柴工”，长期的、稳定的、持续的速度才是重要的。

购并市场政府角色的培育

转轨时期，政府为实现经济调整目标和资源的优化配置，避免企业因自身行为能力的缺乏导致国有资产人为流失，以及实现就业目标而主导企业购并，是中国过渡经济的必然要求，可以说，企业购并离不开政府的支持和推动。但是，如果政府将领导、教练、运动员三重身份集于一身，过度地介入企业购并，成为购并当然主体，一切购并事项均由自己包办，则可能导致政府行为边界的无限扩张、市场机制的严重扭曲和经营效率的极度低下。政府的正当作用在于支持和推动企业购并，培育购并市场机制，制定购并规则，仲裁购并冲突，弥补“市场失灵”。然而，我国有的企业购并，不是企业真正需要，而是根据行政主管部门要求行事，政府行为多于企业行为，行政行为多于市场行为，主观意志先于市场需要。企业购并必须出于企业自身的需要，不是个人的主观意志。事实证明“拉郎配”式的企业购并，成功率极低。购并后，不是“同床异梦”，就是“面和心不和”，甚至相互扯皮，各自为政，各奔前程。只有“自由恋爱”，才能“情投意合”，融为一体。

购并市场人力资源的培育

我国企业购并中存在的一个重要问题就是，被购并的企业的劳动力安置问题。当前被购并企业的劳动力安排主要靠两条途径来解决：一是由购并后的企业吸收；二是由社会吸收。健康的、市场化的企业购并，其职工安置问题应主要遵循双向选择原则，由社会消化吸收。而我国由于社会保障制度不健全，让社会来吸收全部被企业购并后的企业人员，从 1999 年来说显然不现实。特别是企业干部属国家干部，各有级别，企业职工也有所有制之别。一般来说，在企业购并过程中，人员安置方案是企业购并的一个重要附加条件，有时甚至是先决条件，因为这一问题对于社会安定的影响具有敏感性和复杂性。许多企业进行购并后，往往由于人才的流失，导致企业经营发展的失败，因为人是企业生产经营的推动者，又是能够把企业各种经营硬件与软件结合在一起的无形资产。因此，政府对企业购并后的企业要委派新的领导人，出台稳定人才的政策，吸引企业员工继续为企业工作，与企业人员进行有效的沟通等。政府继续培育经理市场，使企业家入主企业承担市场风险，形成符合现代市场经济规范的法人治理机构。

购并市场法律体系的培育

市场经济实质是一种法治经济，企业购并作为一种经济行为，必须有完善的法律来保障当事人的利益，也只有在法律健全的基础之上，才能保障社会资源的有效配置。我国 1999 年尚无一部系统完整的企业购并法律，有关企业购并的政策法律法规散见于《公司法》《国有资产管理法》《知识产权法》《税法》《反不正当竞争法》《保险法》等，出现了购并活动中许多方面无法可依的局面，而有些领域则有多重规定，互不一致。因此，政府应尽快完善有关企业购并过程中的法律法规之间的协调。另外，企业购并过程中的法律环境问题，不仅仅是几部法律的问题，还应建立健全一套法律保障体系，主要包括：产权交易市场程序化、政策法规明确化、政府行为规范化、国有资产管理法律化、金融体制完善化和收购程序合理化等等，只有具备这些条件，才能使企业购并纳入法律轨道健康发展。今后购并市场监管应主要由行政监管过渡到主要由法律监管，保证效率与公平两大原则的顺利实施。1998 年底出台的《证券法》，从中国的国情出发，总结了我国金融改革和证券市场的实践经验，也汲取了亚洲金融危机的教训，既体现了阶段性特点，又有前瞻性，必将对企业购并行为产生重大影响。

购并市场中介机构的培育

企业购并是一个系统工程，一个严谨、科学、可行的购并方案是取得成功的前提，需要许多中介机构的服务和帮助。投资银行、会计师事务所、律师事务所、资产评估机构都是企业购并活动中的重要角色，它们在企业购并活动中各自利用自身的经济、法律、人才等优势，为客户提供咨询服务。投资银行和证券公司既为客户公司提供资金支持或融资帮助，充当中介和进行策划，还对资产进行评估，给出兼并收购的参考价格；会计师事务所帮助客户公司拟定企业购并策略，并从业务、会计、税务等角色，替客户公司安排最有利的交易；律师事务所主要负责项目谈判和草拟合同。由于我国市场化程度远远不够，企业还没有意识到中介机构的重要性，中介机构本身还处于初级阶段，它们的服务能力、水准远没有达到市场经济的要求。因此，政府应该加紧企业购并市场环境的培育，加强中介机构自主性、独立性、自律性，从而使上述中介机构都得到健康发展。如果将法律建设比作企业购并的“硬件”，那么中介机构则是企业购并的“软件”。当然，这类机构应依法通过资格认定，建立自律机制，承担相应责任，并接受政府有关部门的监督和管理。

购并市场社会保障体系的培育

1999 年，影响我国企业购并深入进行的一个重要问题是压在购并企业身上的三大历史包袱：债务、富余人员及企业办社会。这些历史问题不解决，就会给购并后的企业正常运转带来不利的影响，甚至导致购并的失败。社会保障体系的完善是保障在劳动力完全走向市场的条件下，企业购并过程中失业的劳动者的生存权益，这有利于市场经济平稳发展，有利于社会的健康发展。社会保险、社会救助、社会福利、社会优抚等构成了社会保障体系，实施企业购并后的企业应着眼于利用现有的劳动安置、税收优惠政策，积极配合政府有关“再就业工程”的实施和社会保障制度的建立，在现有条件下，与政府共同承担被购并企业的职工安置、退休医疗等社会性问题，利用国家有关产业支持政策，量力而行，以购并后的被兼并企业新增的利润来解决以往的债务负担，以经济手段来解决经济问题。

购并市场企业组织结构的培育

企业组织是企业资产和人力资源的配置结构，是企业资源有效发挥作用的保证，一个由优良资产、优秀人才组成的企业如果缺乏与之相适应的有效的管理制度，企业是无法产生良好的经济效益的。一般来说，企业组织培育包括如下三个方面：1. 根据企业资产组成的具体情况和市场经济的固有规律，重新设定企业的组织指挥系统；2. 制定良好的保障机制和灵活多样的激励机制，以调动全体职工的积极性；3. 重新制定企业系统生产经营各方面的规章制度，保证职工有规可循。我国许多上市公司之所以重复着“购并—上市—效益—滑坡—再购并”的怪圈，是因为国有企业改制上市时的企业购并只注重企业资产的购并、规模的扩大、人员的分流、组织机构的设立、所有制。

（本文原载于《经济体制改革》1999 年第 6 期）

第六章
企业运行策略

加入 WTO 与我国企业海外上市分析

海外上市是指国内股份有限公司向海外投资人发行股票，在海外公开的证券交易场所流通转让。狭义的海外上市就是国内企业向海外投资者发行股权或附有股权性质的证券，该证券在海外公开的证券交易所流通转让。广义的海外上市是指国内企业利用自己的名义向境外投资人发行证券进行融资，并且该证券在境外公开的证券交易场所流通转让。

一、国内企业海外上市的意义及基本原则

海外上市作为企业发展的一项战略决策具有极其重要的意义。由于海外的资本市场比国内资本市场更成熟，资本供给比较充分，资金成本相对较低。因而在加入 WTO 以后，我国企业加快海外上市步伐具有重要的现实意义——低成本在海外资本市场进行融资。企业发行股票进行融资主要是考虑发行成本和融资数量两者之间的关系。从客观上讲 2001 年国内证券市场上发行新股速度在不断加快，股市规模在不断扩张。但

是，如果在短期内发行新股过多必然对二级市场产生消极影响。从主观上讲，发行公司由于在国内发行新股受到种种限制，为了扩大生产经营规模，提升国际竞争力，加快资本运营步伐，必然会选择低成本到海外上市。从2001年已到海外上市的中国企业市场状况来看，这些企业通过低成本海外直接融资提升了比较竞争优势，大大加强了企业可持续发展的能力，经济效益也得到很大改观。

进一步完善公司法人治理结构和现代企业制度

加入WTO以后，我国企业海外上市首先要求自己按照上市的法律法规组建股份有限公司。2001年国内的一些上市公司虽然也建立起公司法人治理结构，但是企业政府化倾向浓厚。企业生产经营管理并没有按照现代企业制度要求去实施。国内企业海外上市吸引外资股东后，外资股股东将会依照公司章程来保护他们的出资人权利，要求上市公司切实履行公司章程承诺的义务，及时、准确地进行信息披露，从而有效地防止“内部人控制”现象的发生，有利于提高公司经营管理效率。企业通过海外上市学习到国外公司的先进管理经验，对我国企业素质的全面提高，增强在经济全球化环境中的国际竞争力将大有裨益。

提升企业在国际资本市场上的形象

我国国内有一批企业不仅在管理、技术上，而且在效益、本行业内都处于领先地位。但是，国内企业在同国外企业经济交往活动中，境外企业因不太了解国内企业的生产经营发展状况，双方合作难度较大，增加了交易成本，降低了交易机会，不利于国内企业融入国际资本市场中。加入WTO以后，中国资本市场将与国外资本市场接轨，中国资本市场将逐步开放，国内企业通过海外上市，既为国外企业了解国内企业提供了信息平台，也为国内企业走向国外资本市场创造了良好开端。通过在海外上市，企业无形之中提高了自己的海外声誉，为企业的全面发展创造了有利的条件。加入 WTO 以后我国国内企业海外上市应坚持以下一些基本原则。

一是低成本利用外资。加入 WTO 以后，国内企业到海外上市，应该最广泛地吸引海内外金融机构、公司及个人的资金，促进我国经济持续、快速、健康、有序地发展。

二是有利于国家产业结构调整。国内企业在境外上市所募集的资金主要用于国家重点支持的产业，如能源、电子新材料、交通、通信及国有大型企业的改造等，包括铁路、高速公路、机场、港口等建设。

三是积极稳妥地实施。目前，国内企业海外上市实际操作程序不是很成熟，应该坚持先试点、后推广的原则。必须注意与我国市场经济的发育程度相适应，系统地控制国内企业海外上市的规模和额度，以推动我国国内企业海外上市的进程。同时要密切注意国际资本市场的情况，采取相应措施以应付随时可能发生的变化。

四是统一规划和管理。国内企业海外上市要避免多头管理、多头审批的现象，对于一些大型、特大型企业集团也不例外。企业海外上市是全国统一的证券市场体系中的重要组成部分，要统一规划、系统安排，便于筹措更多的外汇资金，加快国家经济建设。

企业通过海外上市了解国外的政治、经济、法律、文化等环境，这些环境因素是我国在加入 WTO 以后国内企业开展境外业务最基本的要素。因此国内企业海外上市必将有利于企业业务的进一步开展，有利于企业素质的进一步提高。

二、国内企业海外上市模式

国内企业到海外上市是一项政策性很强的工作。国内企业海外上市的模式主要有以下几种。

首次公开发行上市模式

这种模式是指国内企业直接以自己的名义在海外发行股票，并在海外交易所挂牌上市交易。它为国外投资者了解国内企业形象提供了平台，以挂牌交易为契机，通过大量的新闻媒介把国内企业报道出去。但由于首次公开发行上市涉及两个国家的政治、经济、文化等因素，因此，也存在着一些困难。一是两个国家之间的法律不同。中国企业有关公司设立和管理的基本法律是《公司法》《证券法》等，但如果要到海外上市，就要符合上市地的法律要求，否则就有可能被拒绝。二是国家之间的会计准则上的差异。国内企业到海外上市，既要按照中国的会计准则编制报表，又要按照上市地的会计准则编制报表，增加了公司的会计成本。三是审批手续繁杂。国内企业要到海外上市，首先向中国政府有关部门和中国证监会提出申请，获准后进行股份制改造，再经过中国证监会复审同意后，才能向上市地的证券主管机关提出证券注册申请和准备注册登记表，运作时间长，程序复杂。

买壳上市模式

这种模式是指一些企业以现金或交换股票的手段，收购另一家已在海外证券市场挂牌上市的公司的部分或全部股权，然后通过注入母公司资产的方式，实现母公司到海外上市的目的。买壳上市可以避开繁杂的上市审批程序，手续简便，可以在节省时间的同时达到实际上市的目的。

但这种模式在实际操作中也有一些问题：一是选择目标壳公司问题。考虑到收购成本和风险，选择比较满意的壳公司是不容易的。二是有关税收问题。被收购的壳公司实际上是国内企业控股的子公司，可能存在着双重纳税问题，既要将所得收入向上市地政府交税，对于国内企业的合并报表的收入，又要向中国政府纳税，双重纳税降低了国内企业的利润率。三是融资能力问题。国内企业通过收购目标公司定向配股，把国内企业资产注入壳企业，间接地通过壳公司上市。但是，国内企业还需要通过壳公司增发新股或债券，仍然存在着发行新股或债券进行融资的成本问题。

造壳上市模式

这种模式是指利用海外未上市公司的名义在海外上市。海外未上市公司同国内企业在产权方面和人事方面有着确定的紧密联系，并且海外未上市公司注册地一般在拟上市地或与拟上市地有着类似的政治、经济、文化、法律等背景，以便取得上市地位。海外未上市公司取得上市地位后，国内企业可以通过壳公司进行融资。这种模式是介于首次公开发行上市模式和买壳上市模式之间的一种相当便利的上市模式。它的优点在于：一是国内企业能够构造出较满意的壳公司，并且不必支付壳公司的成本和承担收购失败的风险。二是可以避开海外直接公开发行上市中遇到的中国和拟上市地的法律相抵触的问题，缩短上市时间。但是造壳上市也存在着双重征税控制和管理壳公司及在海外影响力不足等问题。

可转换债券上市模式

可转换债券是公司发行的一种债券。它规定债券持有人在债券条款规定的未来某一时间内，可以将这些债券转换成发行公司一定数量的普通股股票。转券是一种信用债券不需要用特定的抵押去支持转券的发行。发行公司用其信誉担保支付其债务，并以契约形式作为负债凭证。可转换债券海外上市具有许多有利条件。一是便于国内企业低成本地在海外债券市场筹集资金，既降低融资成本，又增加财务控制机会。二是转券具有股票的某些性质，为外国投资者投资中国证券市场提供回避风险的方法受到广大外国投资者欢迎。但转债上市也有一些困难。一是国内企业信用等级评定问题，可转换债券上市对国内企业的信用等级要求极高，一般的国内企业难以满足要求。二是可转换债券转换成普通股时存在着国内企业股本扩张问题，必须由股东大会通过并进行工商变更，登记转换是"动态过程"，而变更股份是"静态过程"，这两者之间存在着时间差异。国内企业在境外发行可转换债券，还应当重点考虑发行市场、融资币种、主承销商和发行时机的选择问题。

存托凭证上市模式

存托凭证是一种以证书形式发行的可转让证券。一般是由美国银行发行的代表一个或多个存放于原发行国托管银行的非美国发行人股权份额的可转让证书。按其发行范围可分为两种：美国存托凭证（American Depository Receipts，简称 ADR）是向美国投资者发行；全球存托凭证（Global Depository Receipts，简称 GDR）是向全球投资者发行。种类又可分为非参与型 ADR 和参与型 ADR。参与型又可分为第一级 ADR（OTC 交易），第二级 ADR（挂牌上市），第三级 ADR（公开发行）、RARD（144A 规则下私募）及 GDR（全球交易）。从美国投资者的立场看，投资者在取得外国公司发行股票时，要想股票在美国国内证券市场上流通有种种不便，这为美国投资者投资非美国公司股票提供了便利。

利用美国存托凭证程序来募集新股或上市一般要涉及五种人：1. 外国发行人；2. 存托银行，在美国的银行；3. 保管行，一般是存托银行在发行人国家的分支机构或有代理关系的银行；4. 承销商；5. 美国投资者。全球存托凭证（GDR）是指只发行一种证券，即可在多个市场同时集资的方式，一次 GDR 上市包括了一个公开或不公开的美国发行及欧洲发行。加入 WTO 以后，国内企业以 ADR 形式上市应注意两个问题：一是公司的形象塑造，主要是考虑企业的经营管理能力和业务发展领域这两个核心问题。二是信息披露，主要是考虑企业在公开披露信息时，要注重充分性、及时性和准确性。

三、国内企业海外上市政策思考

2001 年国际资本市场的形势对我国海外股权融资比较有利，我国应抓住加入 WTO 时机，加快证券市场国际化进程步伐，促进中国企业海外上市。国内企业在海外上市时，应特别注意这些问题：

财务会计政策

国内企业海外上市面临着许多困难，最大的困难在于会计和审计标准相差较大。因此，我们首先要明确差异，然后针对差异进行调整，使国内企业在海外顺利上市。2001 年，中国会计准则同国际会计准则存在着会计核算一般原则、资产核算、利润分配、股东权益、外币折算、会计报表等方面差异。针对这些差异，为了使国内企业对这些会计事项与海外股市规则要求一致，应该对编制基准、存货、坏账准备、长期投资、股东权益、资产负债表、子公司会计报表及外币业务等进行调整。在财务报表上反映的盈利，会因所采用的会计政策不同而有所增减，国内企业对海外的会计政策可能因不习惯和不熟悉，在编制会计报表时采用了不合乎海外会计标准的政策。因此，国内企业在编制会计报表时多与海外会计师沟通，使他们有足够的资料对企业盈利预测提出自己的意见。

国内企业通过海外上市利用借入资本提高自有资金的收益率，是一种有效的财务手段。通常情况下，借入资金越多，比例越大，自有资金利润率也就越高，但是，如果融资企业生产经营状况不好，就会出现相反的结果，甚至出现亏损。在企业资金总额中借入资金比例越大，财务杠杆利益就会越大，风险也就越大。

国内企业进行股份制改组并在海外上市过程中，财务会计问题的核心是如何处理非生产性资产的剥离问题。企业在资产重组过程中，既要把利害因素考虑周全，又要考虑到上市公司与母公司的责任权利及财务处理问题。

税收政策

国内企业海外上市，从事国际经营的根本目标在于通过全球经济贸易交往达到利润最大化。税收是公司利润的一个较大部分的扣除，这是税收管理当局和纳税主体之间对立的根本原因，也是公司加强税收管理的根本原因。因此，国内企业海外上市必须了解上市地的税收制度和税收政策，因为国与国之间对收入的等级划分、征税额的确定、税收种类及各种税收惯例等存在着差异。

国内企业海外上市涉及资本的国际流入和流出，由于资本和收入流动涉及两个不同的国家不同的当事人，在纳税方面存在很多问题，由于征税原则不一样，在实际国际往来中很容易引起双重征税。双重征税对于投资者来说，是一个沉重的负担，降低了投资者的利润率。因此，两国之间可以就收入、利润、股利、利息等流动签订避免双重征税的协定，可对双重征税进行减免和减征。2001 年主要的税收有：证券交易所得税、印花税、发行税、继承税、股息利息预提税及其他相关税种等。国内企业选择海外上市地点和方式的时候，应充分考虑税收方面的问题，使海外上市成本最小化。

法律法规政策

国内企业海外上市涉及的法律问题主要是：关于上市公司的法律文件，比如《公司法》；关于上市公司发行的股票交易的法律文件，比如《证券法》等。国内企业海外上市首先面临的问题是本公司的设立、管理问题，以及公司发行股票的基本法律依据，这要受中国法律的管辖。如果到海外上市，就要研究海外上市地的法律法规是否可以为我们所接受，并且我国的法律是否许可做出相应的变通问题。到海外挂牌上市交易，就要适用海外证券注册登记地有关法律，否则就可能被拒绝在这个国家发行。因此，国内企业到海外上市基本依据是中国的法律，但要兼顾上市地的法律。在海外挂牌交易后，就要受上市地的有关法律、上市地交易所规则的管辖，我国的法律管辖相对较少一些。

2001 年，我国应尽快制定《证券交易法》《证券投资者保护法》《外国投资者投资证券及其结汇管理办法》《外国证券公司条例》《国内企业到海外发行股票及股票交易管理规定》等，使 B 股市场及国内企业到海外发行上市有法可依，促进我国对外股权市场的规范化、国际化建设逐步与国际市场接轨，从而有利于增强海外投资者进入中国市场和直接投资中国上市企业的信心。

企业文化差异

文化是人类共同的财富。人类从野蛮到文明，文化起到巨大推动作用。不同的民族由于发展道路、经历及生态环境等方面的差异性，会发育成不同的民族心理、精神气质和思维方式，形成不同的价值取向。企业文化是企业在生产经营活动中逐步形成和培育起来的，具有本企业特色的价值观和行为规范的总和。企业文化包括价值观念、行为准则、工作风格等，同时还包括企业信誉、企业形象、企业行为及节奏、公共关系、人才追求等。企业文化的核心，是企业的经营理念。企业的经营理念是企业职工共同遵守和心悦诚服执行的法则，它有力地影响着企业的每一个员工，影响着企业的日常生产经营活动。

不同国家的企业都有不同的企业文化。随着现代企业的发展，企业文化的研究范围也在不断扩大。日本企业的价值观是以第一流精神创第一流产品，办第一流企业。而美国一些企业的价值观是"尊重个人"，主张张扬个性，并以这种价值观来调动人的积极性。中国传统社会是典型的宗法家族社会，是以血缘关系为基础，依据亲属关系和人伦关系来构建的社会体系。由于血缘关系的稳定和强固，企业的生产、生活、教育、道德、价值的追求等表现出极强的"关系意识"。因此，对于国内企业海外上市，如何协调中外企业文化之间的差异，使海外投资者了解中国企业的价值取向，是一个十分重要的问题。

中国社会主义市场经济的发展，为国际投资者提供了广阔的投资领域。运用国际证券市场筹集外资，促进经济发展，是中国政府在加入WTO之后的一项重要对外开放政策。国际证券市场的发展与完善，为中国国内企业提供了许多机会。我们要抓住时机，顺应中国改革开放、经济发展的需要，积极做好国内企业海外上市的工作。

（本文原载于《亚太经济》2001 年第 5 期）

企业集团制度协同绩效分析

制度不仅构成人们在社会、政治和经济方面发生交换的激励约束结构，而且是人们理解历史变迁的关键。“经济学家对制度产生兴趣，首先是因为制度对个人和集团行为的统一协调作用正代表了人际交易在经济上的本质，其次是因为制度规定的现状是任何集体行动的出发点。”一种制度安排在一段时间内很可能是协同的、有效率的，但这并不意味着该制度安排就是不可改变、一劳永逸的。现实社会中经常出现的情况是，制度要在经济发展过程中，根据外在环境的变化，不断地进行自我修补，不断地进行协同。只有这样，才能保持制度的边际效用不会下降。

一、制度协同理论的一般考察

在经济学中，土地、资本、人力资源、信息等生产要素，相对于人们的需求和欲望而言，是稀缺的。同样，“制度”也是稀缺的。对“制度”稀缺性问题主要是从制度供给的有关约束条件、制度需求压力的资源稀缺性、制度安排的非专利性及制度资产专用性等角度来加以研究的。戴维斯和诺斯指出，传统主流经济学一直忽略了制度在经济增长中的作用，在那里，制度被假设为经济增长的前提条件，而不是原因。近年来，制度协同问题引起了学术界的重视，制度协同理论研究也得到较大发展。制度协同理论的基本分析框架是：分析变化了的自然环境、技术水平、人口结构、产权关系、道德文化、意识形态等如何向人们提供新的获利机会，从而提供协同不同制度之间的能力。为了获取更大收获或节约某些交易成本，人们必须进行不同制度之间的相互协同。当新制度所能提供的边际收益相当于旧制度运行所需付出的边际成本的时候，制度协同就会暂时停止，制度结构就达到了某种“均衡”；只有当环境改变时，才会又发生对新制度的“需求”与“供给”。

制度协同是在制度均衡不能维持的情况下发生的，制度均衡并不是永恒不变的，只要制度协同的潜在收益因技术、市场规模或社会团体的预期收益改变等因素而增加时，或者因为技术变革及知识积累、资料储备增加等而降低时，就会出现制度不均衡现象。制度不均衡将导致为获得潜在利润的制度协同行为的产生。

新制度经济学从制度入手来研究利益协同问题，制度协同表明制度所处的状态。所谓制度协同，是指经济行为主体对既定制度安排和制度结构的一种满足状态或满意状态。对商品的生产要素的“供给—需求”分析构成了现代微观经济学的核心部分，但是“制度”这一稀缺要素却被正统经济学抽象化了。新制度经济学有效地把“供给—需求”分析方法拓展到制度协同分析领域。制度协同可以用“供给—需求”这一经典的理论框架来加以分析，只有当制度处于协同状态时，行为主体对制度的需求才能得到充分、合理的满足；当行为主体的制度需求不能得到充分满足时，即意味着制度不协同。制度供给是指新的制度结构或制度安排的提供，当制度供给不能满足制度需求时，制度非协同现象就会出现。因此，我们从供求关系角度来看，制度协同是指制度供给适应制度需求。当制度的实际供给不能满足对制度的需求时，就会造成制度的有效供给不足。

对制度协同的分析是从制度需求方面展开的，科斯对制度的论述是具有开创性的。他认为必须考虑各种社会格局的运行成本和转变为一种新制度的成本，在设计和选择社会格局时，应考虑总的效果。后来经济学家们对制度协同的需求方面研究都是遵循科斯的观点，认为制度是在协同演进过程中所获收益超过协同所需成本时得到改变的。诺思等人拓展了科斯对制度协同演进的需求分析，他们认为如果预期的净收益超过预期成本，一项制度安排就会被协同。另外，安德森、希尔、舒尔茨、速水佑次郎和拉坦等人对需求引致制度协同也做出丰富的研究。

制度协同类型一般可分为外生性制度协同和内生性制度协同两种类型。从理论上讲，制度协同应该是一个帕累托改进过程。通常意义上我们所讲的经济转型，实质上是一种制度协同演进过程。制度协同过程可理解为一种效益更高的制度对另一种制度的超越和替代过程，表现为制度由非协同向新的协同的演化过程。

二、企业集团制度协同的成本与收益

“成本—收益”分析方法假设经济组织把利润最大化作为唯一的追求目标，利润最大化的一阶条件是，边际成本等于边际收益，这就要求每一种生产要素投入的边际产品价值都应该等于它的价格；利润最大化的二阶条件是，在经济组织利润最大化这一点上，生产函数的二阶导数矩阵必须是负半定的，其几何意义是要求经济组织的生产函数在经济组织利润最大化点的邻域是凹的。“成本—收益”分析方法可以用在制度经济学中对企业集团制度协同进行分析。在制度分析中，还必须加以讨论的概念是“制度协同成本”和“制度协同收益”。本文基于基本的方法论原因，对企业集团制度协同的成本和收益进行研究。企业集团作为一种经济组织制度创新，其内部成员企业制度协同要付出一定的成本，同样也会带来一定的收益。

企业集团制度协同的成本在分析制度协同的“成本—收益”结构时，首先需要分析制度系统及其中的某一项制度的协同给企业集团带来的直接收益和直接成本，也就是制度协同运行的实施收益和实施成本。企业集团制度协同成本的比较，主要在替代的制度与被替代的制度之间，也就是在制度协同的过程中，相互参照比较的结果。企业集团制度协同成本 = 组织成本 + 监督成本 + 摩擦成本。本文做如下简要分析。

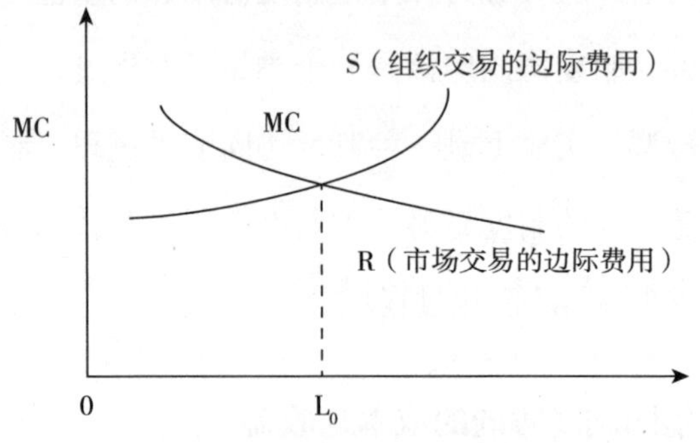

图 1　企业集团的最佳制度协同

如图 1 和图 2 所示，企业集团制度协同而产生的组织成本与市场协同而产生的交易成本，二者之间相对比，可以判断企业集团替代市场行为而产生的经济行为是否合适。企业集团为其内部成员企业提供了稳固的经济秩序，这种经济秩序是因为企业集团内部各个成员企业由各种产权形式连接而成的。

现实生活中，企业集团内部运行交易行为是重复性的常规活动，因而，企业集团内部制度协同的组织成本相对稳定。

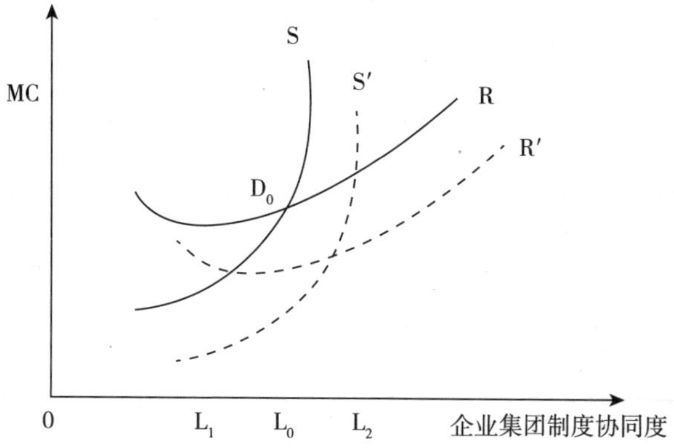

图 2　企业集团的最佳制度协同变动趋势

监督成本是企业集团运行时也会产生的制度协同成本，它是指企业集团内部成员企业交流、商谈各种协议、监督各个主体的工作情况及惩处信用不良的内部成员。它包括两个层次的内容：一是建立企业集团总部及专业人员对成员企业实施监督的费用；二是企业集团总部对专业人员的培训与监督费用。监督成本构成企业集团制度协同的主要成本。摩擦成本也是一种紊乱成本，是指企业集团制度协同所带来的抵制和排斥成本。作为经济组织演进的企业集团的建立是一次深刻的制度协同过程，是对现有利益格局的调整和对传统组织制度的更新，制度协同的摩擦成本也就由此而生。主要包括：一是成员企业既得利益群体，如经理人员的抵制；二是新进成员企业对集团文化和管理制度的熟悉与理解过程；三是成员企业的管理制度与企业集团制度安排之间的摩擦。

企业集团制度协同的收益作为对内部共有资源的再配置，企业集团制度协同会产生相应的收益。由于企业集团制度协同在一定程度上改变了其内部共有资源配置结构，因而衡量制度协同的收益大小，可以将制度协同前后的资源配置效率进行比较，而资源配置效率又可以用消费者剩余和生产者剩余的净增量来衡量。因此，可以将企业集团制度协同的收益定义为：企业集团制度协同后给内部成员企业及社会福利带来的利益增加。

企业集团制度协同的收益水平还可以通过将制度协同前后社会福利的实际水平进行比较得出。企业集团制度协同的收益具体可以分为内部成员企业层面的收益和集团层面的收益两类。所谓内部成员企业的收益，是指制度协同后给成员企业带来的利益增量。尽管制度协同可能使成员企业暂时失去垄断利润，但从长远角度来看，通过制度协同，内部成员企业在共同利益的驱动下，依据股权关系建立起稳定的供求关系，避免了重复建设及由此造成的资源浪费、生产成本上升和利润损失。

所谓企业集团层面的制度协同收益，是指制度协同所带来的集团层面的利益增量，即消费者剩余和生产者剩余的总增加量。比如，企业集团及时有效地采取措施事先防范内部成员企业经营权运行失范与失效现象的发生，减少了内部成员企业之间交易的不确定性，从而节省交易的搜寻成本和信息成本；或者对企业已出现的失范和失效现象采取有效措施加以纠正，而且这种控制采取得越及时、越有力，损失就越小。如果成员企业在运转过程中出现了问题，企业集团就可以通过制度协同来制止失范行为的继续发展和蔓延。

三、企业集团制度协同的微观与宏观绩效

每一项能预期带来收益的制度协同都需要消耗成本，但由于企业集团的效用函数和约束条件不同于内部成员企业，它们对某一项新的制度协同安排的收益和成本可能有不同的评判标准。从企业集团自身微观经济角度考虑，产权安排和制度协同可能给他们带来更多的近期或远期收益，比如更高的货币收入、更大的市场份额、更大的决策自主权等，但也要为此付出相应的代价。另外，新的制度协同过程也会导致由于企业集团内部成员企业之间的利益冲突所引起的经济损失，产生摩擦成本。摩擦成本的存在源于协同的"非帕累托改变"。

有效率的企业集团产权结构固然可能增加总产出和利润，但是为界定和保护这种新的产权结构，企业集团必须支付更多的市场交易费用。进一步说，企业集团随着市场规模的扩大、价格的升降、技术的进步等，也需要企业集团内部成员企业"重新签约"。新旧制度的协同更替过程又需要通过企业集团产权关系的重新界定来完成。企业集团这一经济组织形式现已成为国家、地区及经济团体发展经济的主要模式，从其特征考察，企业集团在配置资源、激励机制、能量聚集等方面都存在着比较显著的优势。

在配置资源方面，企业集团制度协同为集团内共有资源的重新配置提供了巨大的运作空间。企业集团成员企业之间在资金、产品、技术等方面具有协同关系，因此，在企业集团内部成员企业之间可以实现共有资源的合理配置。

在激励机制方面，企业集团制度协同有利于其内部成员企业激励效率的提高，鼓励和允许企业集团内部成员企业追求利润最大化是体现企

业集团激励机制运行的一个重要特征。

在能量聚集方面，企业集团是由许许多多内部成员企业通过分工协同、秩序重组后形成的，其综合经济绩效应该大于成员企业经营效益之和。企业集团通过控股、参股等制度协同安排，达到以少量资本聚集社会大量资本，从而进行大规模经济活动的目的，在市场份额、产品集中度、产品结构、技术性能等方面都体现了企业集团的整体聚集效应。

企业集团制度协同的宏观绩效由于制度协同产生出的新制度规则是通过各级政府部门和企业来贯彻执行的，而各级政府、企业都具有自利行为，它们都有着自身独立的目标，比如，地方财政收入最大化、扩大地方政府对资源的配置权力、保护在原有体制下的既得利益、扩大就业机会等。因此，在企业集团组建过程中，各级地方政府从怀疑、观望到积极支持，努力使企业集团组建符合其地方利益。并且，地方政府也会根据自身利益理解和贯彻新制度规则，把企业集团推向市场，通过“拉郎配”的形式，由政府部门出面把下属企业“装配”成企业集团，成员企业受企业集团支配与受原行政部门干预没有本质的变化。

通过地方政府的中介传导而形成的企业集团制度协同供给表明，一方面，企业集团所产生的实际收益可能小于预期收益；另一方面，地方政府利益的独立化导致企业集团权力的扩散。企业集团实际收益的下降和实际成本的上升意味着制度协同的预期目标并未完成。

企业集团是适应现代生产力和市场经济要求而产生的一种组织制度安排形式，不仅通过联合聚集起庞大的生产力，产生了单个企业难以实现的组织群体效应，而且迅速满足了现代规模经济和范围经济的要求。企业集团不仅规模大，而且具有垄断优势、规模经济和范围经济的绩效，更有制度协同使企业、市场与政府三者功能融合在一起，从而起到降低市场交易费用和行政管理费用的良好制度效应。

企业集团制度协同有利于打破条块分割局面，促进内部成员企业之间的相互联合，实现企业集团内部共有资源优化配置，避免重复建设。从经济体制改革和制度协同的意义上说，政府通过发挥大型企业集团内部与外部的优势互补效应，才能真正实现从总体上搞活国有经济，有利于企业集团的进一步改革，加快企业集团发展速度。

企业集团制度协同有利于克服产业结构和生产力布局不合理、不平衡的矛盾，推动国民经济中的产业结构调整。企业集团的共同利益是建立在产业结构合理化的基础上的，只要国家制定相应的产业结构政策，必将有力地增强产业结构调整的实现力度，加快产业结构的根本性调整。

政府主导型的大型企业集团战略性重组将继续发挥作用，只要政府作为国有资产产权的代表，政企分开的问题就无法得到根本解决。随着市场经济的进一步发展和深化，单一所有制结构已越来越不适应生产力发展的要求。以母子公司为集团主体，以持股公司和契约公司为外围成员，跨地区、跨行业、跨所有制、跨国界的综合企业集团的制度协同模式正顺应经济发展的潮流。企业集团集生产、流通、金融为一体，是一种产业资本、商业资本和金融资本的混合制度安排。另外，组建大型企业集团对提高国有经济的国际竞争力也有裨益。可见，企业集团制度协同发展是优化产业结构、有效配置资源、提高经济运行效率、促进国民经济持续稳定发展的重要环节。

企业集团是以一个控股公司为核心，拥有一批紧密层企业，以产权联结为主要联结纽带，由若干个企业法人、事业法人组成的多层次的经济联合组织。企业集团组织一般是由母公司、子公司、参股公司和协作公司等四个层次组成的，如何解决企业集团的制度协同问题是提高其协同经济绩效的核心，也是其在市场经济环境下能否进一步发挥作用的关键所在。

（本文原载于《中国统计》2003 年第 6 期）

第七章
非公企业简析

现代西方企业理论比较分析

现代西方微观经济学的主题之一是企业理论或厂商理论，在经济学理论的整个历史发展过程中，企业理论占有极其重要的地位。然而，关于企业理论至今学者也没有达成完全一致的意见，“很久以来，经济理论忍受着无力明确阐述它的假定的痛苦。经济学家在建立一个理论的时候，通常也忽视了去检验其理论所赖以建立的基础”（科斯，1937）。在现代西方企业理论的诸多学派中，我们着重比较分析以下几种主要理论学派。

一、新古典学派企业理论：生产函数论

新古典经济学企业理论将企业看作一只“黑箱”，把企业单纯地看成一个追求利润最大化或价值最大化的经济实体，没有对企业内部的运作加以考察。他们认为企业拥有一种特殊能力，它可以通过一种具有生产函数特征的流程将投入转化成产出。在这种理论中，企业被假定为一个行为主体，它的决策应遵循理性原则，它的具体表现就是在现有可支

配资源条件下追求利润最大化，也就是使未来时期的利润值之和达到最大。新古典学派企业理论是以业主制企业模型为分析起点的，企业的所有权与经营权合二为一。

新古典学派对企业理论的研究通常局限于企业的供求问题、价格问题、生产要素成本最小化问题，以及企业如何调整产量使边际收益等于边际成本等问题，其主题是探讨价格机制的有效性，它是在假设不存在交易费用和完全信息的条件下对企业进行研究的。至于为什么会存在企业，如何决定企业的边界，企业如何组织生产经营，如原料采购、生产工艺、生产数量、生产时间等，都不为他们所关心。

新古典学派企业理论有这样一些极其重要的假定：①企业生产的商品是无差异的；②投入、产出的购销是在现场完成的；③技术被假定是外生的。新古典学派企业理论体系是以一系列抽象的假定条件为前提的，它把企业看成一个生产函数，从外部研究企业的投入产出关系，而没有深入研究企业的内部组织结构、运行机制和制度安排等与生产和效率密切相关的因素，并在此基础上论证了通过市场竞争可以实现稀缺资源的合理配置和一般均衡。生产函数论实际上是阐述一个在外生技术条件下，如何用现有的生产流程将投入转化为产出的问题，因此它也被视为主流的正统经济学的企业理论。

新古典学派企业理论受到了制度经济学派的批判和纠正，“边际主义革命和新古典价格理论的发展，构建了一个先前古典分析所缺乏的企业理论，但他们都没有从根本上来解释企业在经济系统中的作用。事实上，最强调选择可替代要素这样的单一思维方法，从概念上也从分析方法上把企业等同于发生着一系列实际或潜在交换关系的市场本身。直到这几十年才出现了科斯开启先河的分析，现在看来科斯所分析的一些主要问题被新古典范式忽略或他们没做出回答的主要原因，在于新古典范式把企业作为非组织事物看待，而等同于市场关系，而这恰是能捕捉到两种体制根本差别的关键所在”（保罗·J. 麦克纳尔蒂，1984）。

大型经济组织的兴起与发展，使人们发现新古典学派企业理论的缺陷。传统企业模型的基础是生产函数，即描绘在可行的技术条件下一组投入所能生产的最高产出的一种关系，企业就是这样一种简单的组织：它选择生产函数上的最佳点，获取必要的投入，根据生产函数将它们转换为产出，然后将产品销售出去。在这里，企业实际上等同于生产函数，直到 R. 科斯 1937 年的《企业的性质》一文创立了真正的企业理论，开始注意到企业的存在及发展的原因。新古典学派企业理论给予我们很多理解企业的便利，却不能解释企业的生产结构及利益结构。因此，新古典学派企业理论其实是一种市场价格理论。

二、新制度学派企业理论：交易契约理论

针对新古典学派企业理论存在的重大缺陷，科斯运用交易费用等被新古典经济学所忽略的制度安排进行了开创性研究，为西方微观经济学的发展开创了一个全新的领域。科斯在《企业的性质》一文中，通过对价格机制成本的分析，认为企业的存在基于以下几点：1. 一系列的市场契约被一个契约所替代；2. 若干个较短期的契约被一个较长期的契约所替代；3. 不确定性的存在；4. 政府或其他机构的市场管制，并因此减少了价格机制条件下的交易成本。科斯放弃了把企业视为生产过程的观点，而把交易视作分析的基本单位。对“什么是企业”这一基本问题，科斯

认为，企业是通过权威、管理来协调经济活动的一种形式，市场的活动是通过契约来协调的，企业的出现是一种协调机制对另一种协调机制的替代。“在企业外部，生产是由价格运动引导的，而价格运动是由市场上一系列交换来协调的。在企业内部，这些市场交换被消灭了，企业家作为协调者指导生产，替代了拥有交换行为的复杂市场结构”（科斯，1937）。科斯以交易为分析单位，以马歇尔的边际分析和替代分析为分析方法，以交易成本概念为基础，解释了企业存在的原因。同时，科斯对企业起源和企业边界等也做出了合理解释。

乔治·斯蒂格勒（G. Stigler）首先提出了“科斯定理”，即在完全竞争的条件下，私人成本和社会成本将会相等，其意思是倘若市场没有交易费用，就不存在外部性的问题。罗伯特·D. 库特（Robert. D. Cooter）把科斯定理进一步表述为，法定权利的最初分配（最初所有权）从效率角度上看是无关紧要的：1. 只要所有权能自由交换；2. 只要交易费用为零；3. 只要在完全竞争的市场上进行交换。

企业的契约理论由科斯开创，然后由阿尔钦和德姆塞茨、威廉姆森、克莱因、罗斯、张五常、格罗斯曼、哈特、霍姆斯特姆、泰若勒、莫尔、杨小凯和黄有光等加以继承和拓展，这一学派理论的共同点是：企业是“一系列合约的联结”。

阿尔钦和德姆塞茨提出团队生产理论，包含团队生产中的权力安排、报酬制度等问题。霍姆斯特姆对团队生产理论进一步拓展，提出在不确定环境下团队激励和委托人作用。威廉姆森和克莱因认为企业是一种交易模式，其目的是用以节约交易费用，他们关心的是企业应该有多大规模和边界，他们把“资产专用性”及其相关的机会主义作为决定交易费用的主要因素。威廉姆森提出交易维度理论，对不同的企业规制结构进行制度比较研究。克莱因丰富了不完全契约理论及提出“后机会主义行为”，其贡献在于提出了契约的自我履行机制，为不完全契约留下了“缺口”。

张五常认为，企业与市场的不同点只是一个程度问题，是契约安排的两种不同形式而已，企业并非为取代市场而设立，而仅仅是用要素市场取代产品市场，即“一种合约取代另一种合约”。市场的交易对象是产品或商品，而企业交易的对象则是生产要素，他认为企业的本质是用要素市场取代产品市场，这就意味着，企业能消除机会主义的论点不是决定性的，因为企业可能把机会主义从商品市场带到要素市场上来。

格罗斯曼、哈特和莫尔发展了所有权结构的模型，明确地将财产约束引入分析框架，区分了剩余索取权和剩余控制权。他们将企业定义为“由企业主自己所有的财产构成的”，从而导致他们分析的重点放在对财产的支配而不是对“行为”的支配上，放在企业之间，而不是资本家与工人之间的关系上。格罗斯曼和哈特在最优所有权结构下讨论了高层经理人员的激励问题，哈特和莫尔从人力资本的角度出发讨论了雇员的激励问题。

杨小凯和黄有光利用消费者—生产者、专业化经济和交易成本这三个因素，建立了一个关于企业的一般均衡的契约模型，他们把企业所有权的内部结构与定价成本联系起来，同时把企业的均衡组织形式与交易效率相联系。他们认为，“企业作为促进劳动分工的一种形式，与自给经济相比，也许会使交易费用上升，但只要因劳动分工使经济收益的增加超过交易费用的增加，企业就会出现。”在企业存在的情况下，所有权结构就会变得重要，因为不同的所有权结构会产生不同的交易效率。

根据以上理论，从市场到古典企业再到现代企业，是为了避免交易费用极高的经济活动的直接定价和直接交易，同时又要保证契约各方的积极性的一种制度变迁。如果根据钱德勒的定义，古典企业是资本所有权与管理权合一的企业，现代企业是资本所有权与管理权相分离的企业，那么这一分离是否真正反映了企业发展的内在本质呢？企业到底经历了什么形式的主要发展阶段呢？在不同制度安排形式下的企业衍化中，决定性因素又是什么呢？不同的企业形式的内在矛盾又是什么呢？上述理论对现代公司本身的发展并没有一个理想的解释。

“科斯架起了制度、交易费用与新古典理论至关重要的联系。只有在市场能毫无费用地进行交易时，市场有效性这一古典结论才能成立。只有在能够毫无费用地进行讨价还价的条件下，市场主体才能达到这样一种解决结果：无论有怎样的制度安排，总收入都能实现最大化。如果进行交易要支付费用，那么制度就至关重要”。虽然科斯从根本上解决了企业是如何产生的这一命题，但作为价格机制替代物的科斯式企业在诞生之后，其存在和运行的逻辑就不能仅仅限于对交易成本的节约，而应该对这种节约的原因和背景做更深入的探讨，这正是科斯对企业性质的研究给我们留下的最深刻和最棘手的问题。

新制度学派企业理论的主要贡献，在于强调交易费用在企业性质及规制结构选择上的意义，但没有在分工的发展与经济组织的演进之间建立联系，没有讨论掩盖在平等交换关系背后的人与人之间的因所有权的差异而带来的地位的差别。

三、现代工商学派企业理论：知识管理理论

新古典学派把企业看作一种生产函数，新制度学派把企业看成一系列的合约。然而，现代科学技术创新带来了规模巨大的生产革命和速度革命，企业生产规模不断扩大，市场容量不断扩张，从而进一步促进劳动分工优化组合。所有权与经营权两权分离、股份有限责任公司、科层制及分权制管理等重要的企业制度创新为现代工商企业的发展提供了巨大的制度空间，现代工商企业自20世纪80年代以来得到快速发展，其管理理论源于亚当·斯密的专业化分工合作的经济理论。亚当·斯密把劳动分工作为提高劳动生产效率，从而增加国民财富的一个重要原因。现代工商学派重点强调企业家和企业高级管理人员在现代企业中的作用。

奈特根据不确定性和企业家精神，对企业的存在进行讨论，指出在不确定性下，“实施某种具体的经济活动成了生活的次要部分，首要的问题或功能是决定干什么及如何去干”。这里的首要功能即指“企业家的功能”。因不确定性是无法保障的，企业家必须承担不确定性。因此，奈特认为企业仅仅是一种装置，“自信或勇于冒险者承担起风险，并保证犹豫不决者或怯懦者能得到一笔既定的收入”。他将企业内企业家拥有对工人的权威视为前者对后者提供保障的一种补偿。企业家是一个雇佣者，因为他承担着不确定性。奈特直接触及企业的关键特征——权力的分配，但他未能把企业家和资本家明确区分开来，这在公司制企业中暴露出来。

对企业家理论做出主要贡献的还有柯斯纳、熊彼特、沙科及卡森等。柯斯纳把企业家看作“经纪人”，他们不但能感觉到机会，还能捕捉住

机会并创造利润，企业家与普通人的区别是他拥有“悟性”和特殊的“知识”。熊彼特把企业家看成创新者，能够“改革和革新生产的方式”。卡森认为“企业家是擅长对稀缺资源的协调利用做出明智决策的人”，强调企业是一个“市场的制造者”，一个企业家如果要使他的判断得到支持就必须能够调动各方面资源，这似乎意味着要有个人财富，他把具有企业家才干却不能接近资本的人称为“不合格的企业家”。

企业的管理者理论是伯利和米恩斯在他们的实证研究中提出来的，又被称为“控制权与所有权分离”的命题。伯利和米恩斯指出：“事实上，从所有权中分离出来的经济权力的集中，已创造出许多经济帝国，并将这些帝国送到新式的专制主义者手中，而将‘所有者’贬到单纯出资人的地位。”其假说是因为股份公司中股权的广泛分散，企业的控制权已转入管理者的手中，而企业的所有者“也已被贬到仅是资金提供者的地位”。

20世纪50年代后期和60年代，企业的管理者理论模型逐渐流行起来，主要有鲍莫、玛瑞斯和威廉姆森，各自的主要特征在于有关管理者目标及股本约束的不同假说。在20世纪70年代，管理者理论被应用到其他领域，其中一个运用的是尼斯凯能的官僚政治模型。在这个模型中，官僚们被假定为最大化预算支出，以追求权力、地位和声望，他们面临的约束只是来自对他们所提供服务的需求曲线。

马歇尔认为知识存量是企业的显著特征，企业是知识的集合体，他将资本定义为知识和组织，他认为资本主要是由知识和组织构成的，它的一部分是私有财产的形式，另一部分则不是。彭罗斯也认为企业的显著特征就在于根植于企业中的知识，“企业的生产活动受制于我们所称作的企业的‘生产机会’，它包括企业所能预见的所有的生产可能性以及能够利用的可能性……很显然，这些可能性限制在一定范围内，一旦超出这个范围，企业将无法预见扩展的机会或不愿意按这种可能性做出反应”。“企业不仅仅是一个管理单位，而且是一个管理框架组织下的生产性资源结合体。”彭罗斯关于企业拥有知识的观点得到纳尔逊和温特的进一步发展，被称为企业发展理论或进化论。发展理论的核心是由三个概念组成的，即程序、搜寻和选择，发展理论的研究从另一个角度表明，企业的演变过程就是企业组织的不断创新过程。

西方企业理论发展到现在，最缺乏的是对各派企业理论进行检验的工具。在交易费用为零的新古典世界里，企业没有必要出现。新制度学派强调交易费用的节约。现代工商学派强调在分工合作利益驱动下，作为技术条件与制度结构综合体的企业，在知识管理下，目的是提高生产率。所有这些企业理论都存在着不同程度的缺陷，而马克思依据对资本的考察提出了科学的企业理论分析框架，客观地分析了企业中各类人员（所有者、经营者、雇佣工人、利益相关者）在企业中的不同地位及在价值创造中的作用。

（本文原载于《天津社会科学》2002 年第 1 期）

论中国近代企业家

近代中国历史上的企业家的产生和发展，经历了艰难曲折的历程。尽管中国从明末清初即已孕育了资本主义萌芽，但由于中国封建势力的雄厚和小农经济的强大，以及产生于此的中国传统文化对管理上的负效应，使得萌芽呈现出停滞状态。直到 1840 年英国用鸦片和军舰打开了中国的大门，已经有着悠久历史的资本主义萌芽才被“拔苗助长”式地催化，近代中国的企业家也才在血与火中产生。然而，中国近代的企业家毕竟形成于历史的夹缝之中，因此也难以避免自身的缺陷。中国近代企业家是在血与火的催化下产生的——诞生时的啼哭预示了其深深的苦难，同时也预示了其挣扎奋斗的历程。苦难与挣扎之间，中国近代企业家必然陷于重重的困境之中。重重困境既体现在传统的束缚与支援上，也体现为对帝国主义的排斥与依恋，还体现为早期企业家对现代性的恐惧与期望。

一、传统文化的支援与束缚

以儒家为主、道家为辅的中国文化在中国近代企业家孕育产生发展的过程中，起着重要的作用。这是一种传统的“支援意识”，正是由于这种支援意识，才产生了经久不息的中国商化传统。儒家的人本观、义利观和礼法观，道家的无为而治、技兼于事、有生于无和柔弱刚强，既是这种商化传统产生的基础，反过来又受到了商化传统的哺育。正是这种传统培育了中国一批又一批的企业家（商人）；也正因如此，中国才能早在 16 世纪即已经产生了资本主义萌芽。但是，事物的发展往往具有两面性，文化更是一把双刃剑，它既可以推动中国资本主义萌芽，也像婆婆爱孙子一样，为近代企业家的发展套上了爱的枷锁。中国近代企业家虽然受孕于中国的传统文化，但毕竟是在西方列强的催化下产生的。近代企业家的成长与中国传统文化的互动主要表现在以下两个方面。

家族主义与企业家的互动

孙中山先生曾经说过：“中国人最崇拜的是家族主义和宗族主义，所以中国只有家族主义和宗族主义，没有国族主义……中国对于家族宗族的团结力非常强大，往往因为保护宗族起见，宁肯牺牲身家性命。”这种家族主义对于近代企业家的成长有着有利的一面，主要表现在：1. 财力的支持。资本的积累是任何一个国家企业家成长的必备条件。资本积累模式有英国“羊吃人”的圈地运动，列强的暴力掠夺，国内的以农补工。然而，此三种模式，近代中国的企业家都不具备，因而他们在资本积累方面也走着一条截然不同的道路——通过家族的财力支持获取必要的启动资金。日本腾井宏教授将徽商的资本归为七种，即共同资本、委托资本、援助资本、婚姻资本、遗产资本、劳动资本和官僚资本。除了劳动资本以外，其他六种资本都与家族有着千丝万缕的联系。2. 人力的支持。企业家在成长之初，不仅需要得到家族财力上的支持，人力的支持也是一个必不可少的因素。它既表现在直接的雇用伙计上，也表现为间接的无形支持上。出于共同光耀祖先的需要，家族主义对于企业家的成长是非常有利的，如徽商利用家族对从商佃仆的控制。由此观之，就可以理解在近代企业家发展之初，为什么总是倾向于起用本族成员。不仅因为其是最可相信的人，从某种意义上讲，也可以为企业家节约生产成本。3. 权力的支持。中国近代历史上的企业家是在封建主义的夹缝中成长的。在这样的环境中，发展最为重要的条件就是获得权力上的支持，依赖封建政治势力。早在近代之前，徽商就依赖封建权力而获得了长足的发展。进入近代社会以来，中国企业家就是从与清政权的联姻中而获得发展的。无论是洋务派的军工企业，还是后来的民用工业，它们的发展都与封建政权有着必然的联系，或者说是在清政权的卵翼下发展的。从而，洋务派的干将也就成为中国最早的一批近代企业家。4. 精神的支持。无论是中国的近代企业家还是古代企业家，他们的精神支持都是家族主义的。虽然在官本位意识下，做官是光宗耀祖的最为重要的途径，但不可否认的是，财力上的支持对于家族的发展是异常重要的。这是历史上的权钱互补。因此，近代企业家的发展除了包含排除外族入侵外，其主要的精神动力就是来自家族的动力支持。

家族主义对近代企业家成长的促进作用是不言而喻的，但是我们也应该看到家族主义对企业家成长的不利的一面，其阻碍主要表现为：1. 财力的非资本化。如果说在近代企业家发展之初家族主义的财力支持是非常重要的话，那么在企业家的发展过程中，企业自身财力的资本化同样是非常重要的。为此，才能进行扩大再生产，才能产生近代意义上的资本主义。但是由于家族主义的影响，企业自身的成本包括利润的运用却是非资本化的，造成企业资金的分散化行为。其一，置购土地式分散。土地是家族主义发展的物质基础，也是家族发展的希望。中国人对土地的情感是非常深厚的，围绕土地的斗争成为历史上斗争的主要内容。因此，获得尽可能多的土地是家族主义的梦想，也是家族对企业家的期望。企业家不得不运用企业的一部分资金来购置土地，既表明自己对家族主义的立场，也是其精神动力的满足。其二，均分遗产式分散。在中国历史上，无论多大的企业都须面对一个严峻的事实，即均分财产。这是平均主义思想与家族主义传统嫁接的产物。由于平均分配、分家析产的压力，一般情况下，他们都会下滑为小农或小贩。这是中国历史上贵族制度无以生存的主要原因，也是近代企业规模过小的历史根源。其三，家族保障式分散。历史上的中国社会保障功能主要是由家族来承担的，族产是重要资金来源，这对于维持族人最基本的生存条件、发展本族教育（历史上中国教育主要是通过家族实现的）、培养家族的下一代是非常重要的。但是族产的来源主要依靠族人的捐助，而被认为财富最多、名声最差的所有者企业家就不得不掏出企业的资金，既为填补家族的族产需要，也是为了自己的“面子”。2. 人力的非规范化。企业家在成长之初，得到家族大量的人力资源。当企业家的发展要发生质变时，这种人力资源的支持反过来又成为制约企业家发展的重要因素。其一，用人上的任人唯亲。企业家在产生之初，从节约资本等角度观之，企业家主要任用本族人员。但随着企业发展的规模不断扩大，把人员的运用局限于家族的范围，显然不利于企业家的成长。其二，被雇佣者的随意化。本族内的被雇佣者多为小农出身，他们在劳动时带有很大的随意性。但是，企业家却不能运用强制性手段来进行约束，而只能通过家族主义的说教或强化来进行，使得企业的经营家族化。3. 权力的非制度化。企业家成长于封建主义的夹缝中，是家族为企业家的成长打开了通向官府的大门，从而获得了权力上的支持。但这种权力上的支持是非制度化的、不稳定的。它不仅受“一朝天子一朝臣”的规则支配，也受统治者自身的喜怒哀乐支配，还受家族的意愿的支配。任何一个层次的疏忽，都可能将促进企业家成长的有利因素变为阻碍企业家成长的灾难性因素。正因如此，封建的清政府不可能从制度上保证企业家的成长，后者的成长只能在它所允许的范围内。4. 精神支持的传统化。企业家的精神支持是家族主义，而且家族的发展是最为重要的东西。换言之，中国传统文化注重集体的发展，特别是家族主义的发展，个人的自由发展、法人化的企业发展都被放到了次要的位置上。个性的被约束使得企业家只能从家族那里寻找精神动力，而无法通过个性的扩展去促进自身的发展。

实用主义与企业家的互动

以儒家文化为阳、道家文化为阴的中国文化把实用主义作为家族主义规范下的指导性价值观。像家族主义一样，实用主义对近代企业家的成长既有约束，也有支援。换句话说，中国近代历史上的企业家所拥有的实用主义价值观是传统文化在他们身上留下的烙印，也决定了他们在近代史上的发展趋势，实用主义价值观与企业家的互动主要体现在以下两个方面。

首先，实用主义对企业家成长的作用。中国近代史上的企业家一直受实用主义价值观的指导，这也是传统文化留给后世的主要遗产之一。其一，实用主义价值观表现在其爱国主义传统上。传统中国的家族主义出现于天下主义的背景中，每当天下主义价值观受到挑战时，爱国主义即会变成一种潮流。因此，中国历史上存在着爱国主义和家族主义的相互交错，其主要体现在外族入侵时所出现的对前朝的依恋与维护。到了近代，中国受到的入侵不仅来自外族的军事，更来自一种文化上的生存危机——从天下主义的中央大国到与世界列强的并存，再到对世界列强的臣服。企业家由于其自身的处境，最早受到列强的挑战，挑战的程度也最深。企业家的竞争动力不仅来自竞争的压力，也来自对文化、民族危机的责任感。其二，实用主义体现为技术主义。实用主义对中国古代的影响非常大，导致一种技术层次发达而科学层次落后的局面。到了近代以后，企业家受技术主义的约束依然没变。无论是近代科学技术的运用，还是管理理论的采纳，中国企业家几乎都是被动的，是在外国的压力下进行的，其本身缺乏对科学意识的追求，而仅仅停留在技术层次上。例如，郑观应对尽快培养出可以取代洋员的中国自己的人才，其基本的指导思想还是实用主义价值观。他认为，有了自己的人才，不仅可以节约聘请洋人的费用，而且可以“免为他人辖制”。其三，实用主义体现为敬业主义。儒家文化的义利观有转化为敬业主义的可能。中国近代史上的企业家在士、农、工、商这样的历史背景下，仍然执着于对工商业的追求即是实用主义价值观的影响。敬业主义——对工商业的追求成为企业家成长的基本条件。

其次，实用主义价值观对近代中国企业家的束缚。尽管中国企业家受中国传统文化的惠泽而蓬勃发展，但后者对中国近代企业家的先天性缺陷不能不说有着不可推卸的责任。1. 缺乏企业家必备的扩展意识。现代企业家的一个显著特征就是其所具有的永无止境的扩展意识，停止扩展意味着企业家停止了自己的生命。中国近代企业家是在外族的压力下产生的，他们所具有的品质仅仅如汤因比所说的刺激——反应，仅此而已。囿于中国传统文化的范围内，他们无法形成企业家所应具有的扩展意识——跨地区甚至跨国界。2. 缺乏企业家必备的创新精神。道家文化有生于无的创新精神是在天人合一的和睦状态下进行的，一旦超越了这个界限，它不但不促进创新，反而会成为创新的障碍。正因如此，中国近代企业家对技术的追求仅停留于技术的层次。实用主义影响下的近代企业家只能对外界的刺激产生其必需的反应，但却无法超越它。要迅速地超越在势力上高于自己的对手，仅靠模仿是不够的，还必须进行创新。从国家发展观之，每一次技术革命都伴随着一个新国家的崛起；对于一个企业家来说同样如此，要想获得较大的发展，必须具备创新意识。

二、对西方列强的依赖与受其限制

从本质上说企业家是开放性的、世界性的。但从一个民族国家的企业家成长过程观之，企业家的成长只是相对的开放性，是有限的世界性。中国近代企业家本身就是在帝国主义的炮舰催化下形成的，因此，世界上普遍的企业家成长规律就更难适用于中国近代的企业家。一方面，中国企业家是在帝国主义催化下形成，在帝国主义与封建主义夹缝中成长，因此，带有对帝国主义的依赖性；而另一方面，中国企业家从产生的那一天就受到了帝国主义的剥削与欺诈，因此又带有反抗性。

企业家对帝国主义的依赖

近代企业家对帝国主义依赖的具体表现是：1. 资本的依赖。中国自 19 世纪中叶到 20 世纪中叶，小农经济一直处于绝对的统治地位，从此角度观之，资本主义经济微乎其微，而奠基于小农经济之上的近代企业家的实力也可想而知了。依赖这样的实力去和实力雄厚的帝国主义竞争，其结果可想而知。在这样的前景下，中国企业家在资本上不得不依赖（至少是部分依赖）帝国主义的扶持。2. 生存的依赖。甲午战争之前，工商业排在“四本”之末，深受清政府的压制与剥夺。在这样的背景环境下，中国企业家的生存就要依赖清政府与帝国主义的斗争。例如，中国近代史上经久不息的“经世致用”即起于这样的背景：由清政权与帝国主义斗争中的不利看到“长技”的优势。正是在这样的环境下才能促使左宗棠“由重点以兴修水利、奖励农耕、提倡棉桑、发展耕织结合的自然经济为其内容的农本思想，转变为重点以兴修铁路电线、开发矿山、开办工厂、发展近代机器工业为其内容的大工业经济思想”。而在北洋军阀的动乱年代，帝国主义在中国的租界有时客观上成为中国企业家的避风港。3. 技术、管理的依赖。中国企业家是在帝国主义催化下产生的。因此，从一开始就得处处向帝国主义学习，技术、管理上对帝国主义的依赖尤甚。

帝国主义对企业家的限制

毋庸置疑，帝国主义的入侵会阻碍与限制中国企业家的发展进程。特别是在中国企业家的成长足够威胁到它的地位和利益时。

帝国主义对近代企业家成长的阻碍与限制表现为：1. 税收的压制。由于帝国主义恃强凌弱，民族企业不仅得不到国家的保护，反而受到歧视，中国的出口税重于进口税，使与洋人企业家处于不平等的竞争地位。根据1858年《天津条约》签订后的新定海关税则，土煤出口比洋煤进口每吨税金重20倍。2. 实力的压制。在中国近代企业家产生之际，西方资本已经发展到非常成熟的阶段。凭借经济上的实力及政治外交的特权，西方列强往往把中国企业家的成长控制在某个狭小的领域内，一旦越雷池半步，他们就会压制。“精通商务，深悉商性”的盛宣怀在上海创办的三星烟厂，“为英美烟草跌价倾轧，尽致亏损”。3. 资源的掠夺。自鸦片战争以来，西方列强凭借他们在经济、军事、政治上的优势，从修筑铁路到抢占沿线矿藏，给中国企业家带来严重的打击。仅就日本“二十一条”而言，它所提出的权力要求令人震惊，广东总商会敏锐地指出：“日本人索婪权利多款，及要求铁路矿权，咄咄逼人，形式倚恃强权，实行侵略政策……事关国家存之，万难退让。”

三、近代中国企业家的分层

根据权力、财产、地位和发展先后顺序，可将中国企业家的发展分为五个层次。每个层次由于其所处的地位不同，其特色也不尽相同。

官办企业家——权力、财产和地位兼备

近代后期的官僚已开始染指生产领域。最早组织大机器生产的是洋务派官僚李鸿章、左宗棠、张之洞等人。洋务派的军工企业是国有性质，其所有权在封建政权而不在个人，因此这些企业的官员可为企业家成长积累经验，但其自身毕竟是政府官员。稍后，一部分官员以私人资本创办或加盟新企业。例如，状元出身的张謇办起了工厂，曾经担任皇帝师傅的孙家鼐、翁同龢等分别安排其后代兴办新式企业；而早期经办商务的洋务专家也纷纷投资兴办自己的企业。这些人先后从官僚阶层分化出去，成为私人资本家，成为近代中国企业家的先行者。只不过与后来资本家不同的是，他们在不同程度上利用了“官”的特权。早期的买办主要有三种形式：一是弃官办厂，如张謇；二是亦官亦商，以商为主，如周同熙；三是亦官亦商，以官为主，如孙家鼐。

商办企业家——财富和地位的所有者

随着资本主义在中国的不断发展，出现了一批拥有财富和地位的企业家。这批企业家多是以从商为主，实业为辅，因此称之为商办企业家。商办企业家虽然拥有财富和地位，但是在传统文化浓厚的氛围里，他们不得不通过不同的途径向官靠拢，以巩固自己的财富和地位；同时，他们又极力发出商为“国民之纲”的呐喊，企图以商立国。因此，商办企业家处于彷徨两顾的状态，明显地反映这一阶层心态的是商办企业家庞云缯，一方面，向清政府捐了赈灾银十万两，为儿子捐得了举人、四品候补并特赏一品封典的职衔；另一方面，大举办厂，在杭州集资创办大纶丝厂，又办了道益公纱厂，在上海筹建了龙章机械造纸厂，成为一个民族资本家。

侨办企业家——财富的所有者

在近代企业家中，有一支尤为重要，他们就是只拥有财富的企业家——侨办企业家。从整体上说，侨办企业家与官僚、地主联系最少。他们在海外获得了雄厚的资本，同时接受了不同文化的熏陶，这对致力于改变中国近代社会的现状尤为重要。

民办企业家——少量财产的所有者

这是一个只拥有少量财产的企业家。近代后期社会的大变动，为下层商人的崛起提供了机会。当时小商小贩和小手工业者因投资兴办新式企业而逐步上升为民族资本家的机会很多。只是这类企业家的财富十分有限。他们的崛起往往经历了一番曲折。曾经分别当过钱庄学徒和四年钱庄跑行的无锡荣宗敬、荣德生兄弟是在几乎没有官方照顾和官方支持，也没有买办的经验条件下，靠着经济手段在竞争中发展起来的。荣氏兄弟在创建茂新、福新、申新三大企业的过程中，所依靠的是敢担风险的企业家精神、灵活的经营作风和科学的管理手段。但是，像荣氏这样由学徒转而成为大资本家的毕竟不多，而由后者转化为中、小资本家的却不少。

买办资本家——权力和财产的所有者

1842 年，废除公行制度以后，买办资本家成为中外商号之间必不可少的中介，一般具有双重身份。他们“不仅是洋门的雇佣者，同时又是有自营生意的商人；不仅是货物的经纪人，同时又是货主；不仅赚取工资和佣金，同时又赚取远远超过工资和佣金的商业利润”。买办资本家是一个非常复杂的层次，一方面，由于其在经济上对洋人的依赖，客观上在生活方式和思想文化方面易受洋人的影响，主观上由于其自身对新观念的接受和普通民众的价值偏见，所以他们被看为帝国主义的走狗。不可否认的是，他们当中确实有一部分人充当了这样的角色。另一方面，也毋庸置疑，买办资本家经济上的对外依赖并不能说明他们政治上对外依赖。相反，经济上的依赖和受压抑往往会孕育强烈的不满情绪和民族主义思想。唐廷枢筹办新式银行，规定只收华人资本，对外资本采取排斥态度，“以其在洋行的丰富经验去损害外国公司”足以说明这一点。

四、简短结语

可以说，中国近代的企业家身负重任的同时，也做到了鞠躬尽瘁、死而后已。尽管出于历史、社会、文化、国际上的原因，他们没有实现自己的梦想，但我们没有理由忘记他们用生命做出的光辉的贡献，也不应忘记他们用血与火谱写下的历史经验，更不应忘记他们不屈不挠的奋斗精神和为国为民牺牲自我的奉献精神。或许可以这样说，他们是苦难中降生的孩子，虽无富贵，却有“穷人孩子早当家”的坚韧不拔的品性；那么，是否可以这样说，成长于改革后温室中的现代企业家应该吸纳这样的“祖先遗产”呢？

（本文原载于《社会科学辑刊》1999 年第 7 期）

第八章
企业发展调查

发展大企业　增强竞争力

——2007 年中国企业 500 强调查分析

胡锦涛同志在党的十七大报告中指出，鼓励发展具有国际竞争力的大企业集团。大企业集团支配众多资源，发挥着巨大的市场影响力，已成为我国加快转变经济发展方式、推动产业结构优化升级，提高自主创新能力、建设创新型国家的重要载体。

一

以中国企业 500 强为代表的大企业集团深入贯彻落实科学发展观，认真执行党中央、国务院关于加强和改善宏观调控的各项政策措施，强化管理，努力提高核心竞争力，改革发展取得了明显成效。

主营业务突出，营业收入增加。2007 年中国企业 500 强主营业务比例超过 90% 的有 208 家，在 70%~90% 之间的有 118 家，在 50%~70% 之间的有 71 家，我国大企业集团在发展中主业更加突出。2007 年中国企业 500 强实现营业收入共计 174881 亿元，其中 3 家企业营业收入超过 8000 亿元，5 家在 2000 亿 ~3000 亿元，23 家在 1000 亿 ~2000 亿元，超过 1000 亿元的企业比 2006 年增加 6 家。共有 24 家企业达到 2007 年世界企业 500 强的标准，其中 22 家企业申报并入围 2007 年世界企业 500 强。

经济效益提高，财税贡献显著。2007 年中国企业 500 强实现净利润总额为 7735.5 亿元，比上年增长 24.4%。实现净利润超过 10 亿元的企业有 114 家，比 2006 年增加 30 家。2007 年中国企业 500 强纳税总额为 13257.8 亿元，占全国税收总额的比重达 35.2%，较 2006 年的比重高出 2.1 个百分点；有 24 家企业纳税总额超过 100 亿元，其中，中石油纳税 1788.7 亿元，中石化纳税 1013.9 亿元，国家电网公司纳税 654.6 亿元。有 23 家企业纳税总额在 50 亿 ~100 亿元，136 家企业纳税在 10 亿 ~50 亿元。

研发投入加大，产出水平提高。2007 年中国企业 500 强研发投入占营业收入的平均比例为 1.61%，比 2006 年增长 0.16 个百分点，其中，研发投入比例超过 5% 的有 31 家，比 2006 年增加 5 家；研发投入比例在 2%~5% 的有 98 家，比 2006 年增加 17 家。上海电气集团总公司、中国航天科工集团公司、中兴通讯股份有限公司、中国航空工业第一集团公司等 4 家企业的研发投入比例超过了 10%。从研发费用的增长率来看，中国企业 500 强中多数企业的研发费用较 2006 年有大幅度提高，其中，增长率超过 100% 的企业有 75 家，增长率在 50%~100% 的企业有 52 家。2007 年中国企业 500 强中的 336 家企业共拥有授权专利 86945 项，比 2006 年年增加 13763 项，其中，发明专利 27112 项，比 2006 年增加 9072 项。研发经费的投入有效地提高了企业技术水平。

资产规模扩大，组织能力提升。2007年中国企业500强的资产总额达519781亿元，其中，有4家企业资产总额超过50000亿元，4家企业在10000亿~20000亿元之间，8家企业在5000亿~10000亿元之间，资产总额超过1000亿元的企业共计52家，比2006年增加10家。中国企业500强在保持快速成长的同时，组织能力进一步提升。首先，企业并购重组活跃，2007年131家中国企业500强进行了408起并购重组，反映出中国企业正通过并购重组手段扩大资本规模，拓宽经营领域，努力将企业做大做强。其次，资本支配能力提高，2007年中国企业500强每百元净资产支配617元货币资本，每百元所有者权益吸纳少数股东权益25.9元。最后，资本密集程度也有所提高，2007年中国企业500强平均人均资产为216.5万元，比2006年增加44万元。

二

2007年中国企业500强在营业收入增长率、资产增长率上分别比世界企业500强高出13.3个百分点、15.8个百分点，但是，利润增长率却比世界企业500强低1.5个百分点。一方面，反映了2007年中国企业500强与世界企业500强的差距不断缩小；另一方面，反映在盈利能力上，中国大企业与世界领先企业还存在着不小差距。问题集中体现在中国企业500强在资源整合能力、自主创新能力和企业管理水平等几个方面。

资源整合能力薄弱。资源整合能力是企业核心竞争力的直接体现，一个企业能够从多大的范围、多高的层次、多强的密度去组织资源，直接决定了企业的价值创造能力和发展边界。我国企业500强的资源整合能力在许多方面还比较薄弱。主要表现在：一是与跨国公司相比，整合资源的范围小。2008 年，我国 500 强企业主要立足本土市场来组织资源，国际化程度不高，而跨国公司则在全球范围内整合资源。据统计，在世界 150 多家大型跨国公司中，以不同形式缔结战略联盟的高达 90%，寻求并整合一切对自己发展有利的知识、技术、人力等资源。二是行业集中度不高，规模效益不明显。以钢铁行业为例，宝钢的规模大约也仅占整个钢铁行业的 8%，全国排名前 5 位的钢铁企业，钢产量只占全国总产量的 25% 左右。三是自我发展多，并购重组少，走出国门走向国际市场的则更少。兼并收购已成为跨国公司成长壮大的主要手段。尽管我国有一些大企业集团已开始采用兼并收购手段，但并购成功率比西方的跨国公司低得多。

自主创新能力不强。一是研发投入不足。按照国际标准，研发费用占企业销售收入的比重低于 1%，该企业是难以生存的；占到 2% 的企业可以维持简单生存；只有研发投入占销售收入 5% 以上的企业才会有竞争力。2007 年中国企业 500 强中只有 31 家企业研发投入比例超过 5%，达到和超过 2% 的也只有 98 家企业，这一情况表明，我国大企业必须充分承担起自主创新主体的责任。二是品牌和专利积累不足。进入世界品牌 500 强排名的中国企业只有 12 家，而且主要集中在国有垄断行业。在国际专利方面，除了华为等个别企业与国际同行具有数量相近的专利外，其他大企业的专利都不多。三是专利运营水平不高。跨国公司不仅拥有巨大的专利技术实力，而且具有较强的专利实施能力。一些跨国公司作为产品和技术标准的制定者，往往把专利嵌入各种国际标准中。相比之下，我国大企业集团的专利组织水平和自主知识产权的开发、保护、运用水平较低，在参与国际竞争中缺乏自主权、话语权，因而经济损失严重。

企业管理水平不高。一是经营管理能力不高。虽然，我国已经是制造业大国，在美国、日本、德国之后排名世界第 4 位，但我国的制造业大而不强，工业增加值只是美国的 1/4、日本的 1/2，与德国接近；我国制造业的人均劳动生产率，仅为美国的 1/25、日本的 1/26、德国的 1/20。二是供应链管理水平较低，与跨国公司相比有很大差距。许多著名的跨国公司，如西门子、惠普、戴尔、三星等，通过实施供应链管理获得巨大收益，而在我国仅有海尔、华为等少数大企业开始重视供应链管理。在汽车行业，日本汽车厂商物流成本占销售额的比例是 5%，而我国汽车生产企业则普遍在 15% 以上，高出日本汽车厂商两倍。

三

按照“十一五”规划，我国要发展以民族资本为主导的大企业集团，形成 50 家左右进入世界企业 500 强的企业，主动参与国际市场高层次高水平的竞争。同时，形成一大批具有自主知识产权和知名品牌、市场竞争力较强的全国性大型企业。要充分发挥他们在稳定国内市场、协调区域发展、优化产业结构中的主导作用。实现这一战略意图，需要从以下几个方面着手。

积极完善产业链环节。现代产业链由投资、研发、营销与制造四大环节组成，相应地形成了四大中心。其中，金融中心、研发中心和营销中心分别掌握着货币资本、核心技术、市场营销网络等三种生产经营要素，从而共同控制着整个产业链，而被其控制的对象是处于产业链最底层的制造业，是整个产业链中利润最薄弱的环节。当前，我国500强企业要克服依靠低端制造业、低价劳动力、高资源消耗与高环境污染来增加产值和获取微薄利润的现象，既要努力建设具有国际竞争力的金融中心、研发中心和营销中心，也要建设具有国际竞争力的制造中心。

着力提升企业资源整合能力。一方面，推动组织结构从一体化向模块化转变。模块化是指企业通过建立半自律性的子系统，按照一定的规则与其他子系统相互联系而构成的更加复杂的系统或过程。我国大企业集团的组织结构转向模块化以后，能对平行开展的业务进行协调，更加有效地应付不确定性，提高竞争力；另一方面，推动业务模式从价值链转到价值网。打破传统价值链条，使其通过虚拟纵向联合和虚拟横向联合，让网络系统的参与者共享资源和服务，联合起来创造更大的价值。从“链”到“网”的形成和发展，不仅能提高价值创造的效率，而且还会创造新的价值。因此，我国500强企业应该推动业务模式从价值链转到价值网，在价值网上选择一个或几个自身具有相对优势的战略环节作为核心能力来培养，而将其他环节以策略联盟等形式外包给最具竞争力的专业化公司去运作。

努力提高企业自主创新能力。一要有强烈的创新动力。要使研发投入占销售总额的比例达到5%以上，并不断提高创新的产出效率；注重产学研相结合，不断采用、创建新的管理手段和方法，使物耗、能耗、水耗达到行业先进水平，清洁生产和环保达到国家要求，以较强的市场竞争力和较高的成长性，增强企业的可持续发展能力。将创新纳入战略规划，健全推动创新的体制机制。二要组建专利联盟，打破技术垄断。我国500强企业要以行业或相关技术为基础，组建专利联盟，使有限的专利技术能够在更大的范围内实现共享。另外，组建专利联盟还有助于推动我国技术标准的建立，增强我国在未来国际产业标准中的话语权，打破跨国公司的技术垄断。三要开展商业模式创新。在互联网时代，我国大企业集团应积极开展商业模式创新，审慎选择合作伙伴，并通过规范的流程，有效管理合作伙伴的商业关系，探寻能够创造最大价值的方式和领域。

树立现代经营管理理念。一是树立新的营销理念。确立在有形产品竞争和无形服务竞争上同时用力的价值营销理念，从消费行为出发延长价值链，向顾客提供有价值的产品和服务；确立来自社会、回报社会的社会营销观念，积极履行社会责任；确立无店铺营销新理念，大力开展网络营销。二是树立开放条件下保持企业自主性的理念。既通过与跨国公司的合资合作提升竞争力，又切实防止我国支柱产业的主导权被外资控制，确保我国经济健康发展和国家经济安全。三是树立精益理念。我国大企业必须以精益的眼光分析、重组本企业的业务流程，彻底取消或关闭那些只增加成本而不能为客户创造最终价值的职能部门、分支机构或生产线，杜绝浪费现象。

在推进国际化方面寻求战略突破。面对跨国公司的竞争，我国大企业必须积极转变思维，在推进国际化方面寻求战略突破。一要进一步提高对国际化的认识。从过度关注企业与企业之间的竞争，转向关注整个价值链的竞争。要充分认识到企业是一个生态圈，只有在价值链分工上共同合作，才能实现共赢。二要打破“以我为主”的困境。联想、TCL、华为等中国企业在全球市场2008年基本上依靠本土力量和资源，走的是“以我为主”的资源整合之路。我国大企业要在合适的条件下，借助跨国公司的管理经验、人才、渠道、品牌、技术等资源，以便快速地进入国际市场。三要加强国际化人才培养。根据发展需要制订国际化人才培育计划，大力培养具有国际视野的企业管理、国际法律法规和国际财务会计等多层次专业人才。

（本文原载于《求是》2008 年第 13 期）

推进结构调整　提升企业质量

——2009 年中国企业 500 强调查分析

当前，我国正处于向工业化中后期转变的关键期。要顺利实施这一经济转型，最根本的是要紧紧抓住转变发展方式和调整产业结构这两个关键环节。企业是经济增长的基本要素，是发展方式转变的主体，特别是中国 500 强企业，不仅是产业结构调整的直接参与者，更是社会经济又好又快发展的重要推动力。这从它们在 2008 年的表现中可以得到有力的证明。

一、中国企业 500 强在结构升级过程中拉动经济增长

与 2008 年相比，面对全球金融危机严重冲击和自然灾害频发的困难与挑战，2009 年中国企业 500 强虽然在发展势头上有所放缓，但依然实现了平稳增长。

营业收入增加，企业规模扩大。500 强入围企业规模与 2008 年相比

有所提高，最后一名入围企业营业收入额增加 12.3 亿元，达到 105.4 亿元。500 强企业的平均营业收入额达 519.9 亿元，平均资产达 1502.3 亿元，分别比 2008 年提高了 19.7%、19.2%，有 7 家企业的营业收入增长率超过 100%，80% 企业的营业收入增长率和资产增长率有一定程度的提高。500 强企业在自身经营业绩和规模增长的同时，也带动了中小企业和当地经济的发展，从而拉动了我国经济的平稳增长。

行业密集度提升，基础工业得以加强。500 强企业涉及 75 个行业，入选企业数排在前 5 位的行业占到了总数的 32.6%，黑色冶金及延压加工业有 65 家企业入选，排位第一，占总数的 13%，另有建筑业入选 33 家，煤炭采掘及采选业入选 26 家，一般有色冶金及延压加工业入选 21 家，机械、元器件和线缆制造业入选 18 家，分别排在第 2 位至第 5 位。500 强企业的资本密集度进一步提高，平均人均资产提高至 284 万元，比 2008 年增加了 39.5 万元，644 家企业被 500 强中的 146 家企业并购或资产重组。尽管并购企业的数量比 2008 年少了 12 家，但被并购企业的数量增长了 100 家。我国大企业的行业密集度提升的同时，基础工业也在进一步加强。

积极贡献国家利税。大企业大集团是国家经济的栋梁，是应对全球金融危机的利器。500 强企业对国家税收的贡献依旧突出，纳税总额近两万亿元，占全国税收总额的 35.2%。有两家企业的纳税额超过了 1000 亿元，分别为中石油（2465.8 亿元）和中石化（1039.6 亿元），纳税总额超过 100 亿元的企业达到 44 家。

提升自主创新能力。500 强企业大幅提高了研发力度，与 2008 年相比，有 6 家企业的研发费用增长率高于 1000%，研发费用增长率在

100%~1000% 之间的企业数达 44 家。同时，每家 500 强企业平均拥有专利数也大幅增加，达 332 项，比 2008 年多出 30 项，其中，发明专利 115 项，比 2008 年多出 29 项。研发力度的加强为企业提升自主创新能力做好了准备。

二、在结构调整过程中需要引起关注的基本问题

2009 年，我国共有 34 家企业进入世界 500 强，这说明我国大企业在国际竞争中已占有一席之地，但仍任重道远，一些大企业在增长方式、技术知识投入和信息化水平等方面与同行业国际领先企业还存在着较大差距。

增长方式过度依赖能源和资源。在行业分布上，企业排名前 5 位中，有 3 个属于能源和资源密集型行业，排名第二的建筑业带动最大的行业依然是能源资源密集型的钢铁和建材行业。然而，未来 10 年是我国工业化、城镇化快速发展的时期，若继续过度依赖能源、资源的经济增长方式，我国的经济发展将很难持续。

制造企业上规模但缺乏核心竞争力。进入 500 强的许多大企业，特别是制造业，存在着“大”而不“强”的现象，缺乏核心竞争能力。全球金融危机既是挑战又是机遇。从历史上看，许多具有世界性领导地位的跨国企业，都是以经济复苏期为机遇，通过兼并重组诞生的。出于种种原因，我国大企业利用这次挑战性机遇实施兼并重组的不多，进行海外并购的就更少了。同时，与许多有着长久发展历史、管理经验丰富和经历了多次危机磨炼的世界性大企业相比，我国大企业发展历史短，主要依靠低成本优势，是在国内发展环境相对稳定的条件下成长起来的，

风险、危机的警戒意识和应对能力较差，通过集约化经营提高竞争力的能力不高，对国际化的运作方式也缺乏深入了解。

生产性服务业发展严重滞后于国际水平。500 强企业所处的行业，除银行业大幅盈利外，旅游及娱乐服务业、人寿与财产保险业、航空运输等多个行业利润下降幅度超过 50%，民航运输业、铁路运输业甚至出现全行业亏损现象，综合服务业平均收入下降最多，为 11.38%，即使盈利颇丰的银行业也面临着完善机制和增强活力的问题。

基本处于价值链创造环节的低端。许多大企业主要承担处于价值链低端的劳动密集型加工制造环节，而具有高附加值的研发、品牌、供应链管理和营销等环节则多为外资所掌控。此外，长期以来，我国企业发展是建立在享用各种低成本生产要素基础上的，随着国内各类生产要素价格的上升，必将大大降低我国企业在劳动密集型的加工制造环节上的比较优势。因此，提升经营业务的高端化，成为我国大企业立足全球竞争的必经之路。

技术知识投入不足导致关键环节实力薄弱。尽管 500 强企业的自主创新能力有所提升，但与发达国家的大企业相比，我们的技术知识投入依然不足。首先，在研发投入方面，有 15% 的 500 强企业选择了降低研发费用。在填报研发数据的 426 家企业中，平均研发费用为 6.77 亿元，研发费用占营业收入的比例平均仅为 1.34%，而按照国际标准，研发费用占企业销售收入的比重要占到 2%，企业才可以维持生存，只有达到 5% 以上的企业才会有竞争力。其次，在专利数量上，除了华为等个别企业与国际同行的专利数量相近外，大多数企业的专利数远远低于世界级大企业，特别是发明专利数量更少，这些都要求企业进一步提升自主创新和技术攻关能力。

缺乏国际性的品牌影响力。与世界性的大企业相比，我国企业500强的国际品牌影响力较差。究其原因，主要是缺乏自主知识产权的产品与核心技术，品牌、营销环节为外资所控等。此外，还存在着我国企业品牌运营和品牌保护意识淡薄的问题，在国外越来越重视知识产权保护的情况下，我国许多知名大企业品牌保护意识不强，在境外注册商标比率较低。

信息化程度不高严重影响产业重组与资源共享。与国外企业相比，我国企业信息化水平十分低下。一是我国企业在信息化建设方面投入不足，与发达国家大企业信息化投入占总资产8%~10%的水平相比，还存在着较大差距。二是大多数企业的信息化建设仍停留在只注重硬件建设上，而未能从自身的经营战略、业务流程出发，尚未实现信息集成与共享，某些大企业在管理中信息“孤岛”现象频现。三是除了个别电子商务网站，我国大部分企业还没有意识到网络作为商业活动平台的强大功能，很多企业建立自己的网站和邮箱，仅仅是作为企业形象宣传手段之一，真正利用网络资源进行商务活动的很少。

三、加大结构调整力度，锻造企业核心竞争力

要充分发挥大企业在发展方式转型、结构调整升级等方面的主导作用，政府及社会创造的良好外部环境固然重要，但根本的还在于企业自身。我国大企业必须重视生产性服务业、技术创新和信息化建设，加强品牌运营、逐步向价值链高端靠近，锻造自身的核心竞争力，从而做大做强做久。

转变发展方式，突破关键环节。我国大企业，特别是制造业，必须改变过度依赖能源和资源的经济发展方式，大力发展交通运输、商务与金融服务、信息服务和科研设计等生产性服务业。这不仅有利于细化和深化专业分工，更重要的是对于转变经济发展方式，改变我国处于世界价值链低端的现状，推动现代经济发展具有不可替代的作用。我国大企业，特别是制造业，发展生产性服务业，主要有三种发展路径和典型模式可以借鉴：一是依托制造业拓展生产性服务业；二是从销售产品发展为提供产品服务和咨询方案；三是从制造企业转型为服务提供商。

优化资源配置，提高管理水平。要加快企业兼并和重组步伐，实现资源优化配置，淘汰落后产能，提高行业集中度，使优质资源向主业集中，培育一批战略性产业。同时，要提高我国大企业的管理水平，改变以往企业缺乏长期发展战略或者制定了战略却束之高阁的倾向。事实上，一个企业的长期发展战略，是在对国内国际的宏观经济形势、行业发展趋势、自身的优劣势等多方面进行深入分析的基础上制定出来的，具有前瞻性和可行性，并且也并非完全静止不变的。在经济形势变化复杂的今天，以往拍脑袋决策的方式已明显不能适应，采用现代企业管理方式已经成为大企业可持续发展的必然选择。

加大知识投入，重视技术创新。在全球金融危机的背景下，世界500强中的许多企业仍然在加大研发投入，尽管他们同样面临着利润下滑甚至亏损，因为他们关注的是未来而并非当前。党的十七大报告提出，“在要素投入上，要促进经济增长由主要依靠增加物质资源消耗向主要依靠科技进步、劳动者素质提高、管理创新转变”。重视技术创新，加大研发投入，是企业长远发展的根本保证，特别是当今高技术企业间的竞争，往往是对技术、标准的话语权的竞争。优先掌握技术、制定标准往往就掌握了话语权和主导权，也意味着风险的有效规避、效益的持续获取和发展的巨大空间。我国大企业必须转变观念，提升研发费用占主营业务收入比重；重视人才引进和培育，推动产学研结合，既要突破关键技术，还要注重整体技术链的突破，以获取更大的效益。

加快信息化建设，关注电子商务平台。在信息化、网络化飞速发展的今天，信息化办公和信息化管理已成为必然趋势，这也对我国大企业信息化建设提出了更高的要求。一要加大信息化建设的投入力度，提高信息化投入占总资产的比例。二要在关注信息化硬件建设的同时，从企业自身的经营战略、业务流程出发进行改造，整合企业各部门原本相互独立的信息系统，实现企业物流、资金流、信息流的集成和统一，充分利用计算机网络平台进行电子商务活动。

增强品牌意识，实现价值跨越。在市场竞争日益激烈的当今社会，“酒香也怕巷子深”。企业在不断开发并满足顾客真正的需求，提供优质的产品和服务的同时，还需要注重知识产权的保护和品牌知名度的推广。我国大企业在重视技术创新及由传统的加工制造环节向具有高附加值的品牌和营销环节演进的基础上，还需要加强品牌运营和品牌保护意识，这对于实施“走出去”战略，在国际舞台上与国际性大公司同台竞争显得尤为重要。

（本文原载于《求是》2010 年第 3 期）

转变发展方式　提高增长质量

——2010 年中国企业 500 强调查分析

要实现“十二五”时期全面建设小康社会的宏伟目标，关键是要将加快转变经济发展方式贯穿于经济社会发展的全过程与各领域。其中，尤为重要的是推动中国 500 强企业成为经济结构调整的“脊梁”。在过去的 5 年里，500 强企业充分发挥了经济社会发展的主要载体作用，在推进中国经济总体上向集约型转变、增强国家核心竞争力中做出了突出贡献。

一、中国企业 500 强在转变发展方式过程中有力拉动了经济增长

从 2010 年中国 500 强企业的表现来看，虽然增长速度比前几年有所下降，但我国大企业的规模继续保持螺旋式上升的势头，经营业绩明显提升，增长质量大为提高。

营业收入增加，资产规模扩大。受全球金融危机的冲击与影响，

2010年中国企业500强营业收入为27.6万亿元，收入增长幅度虽低于前几年的增长率，但仍然比2009年增长6.27%；资产总额达到91.3万亿元，比2009年增长22.02%；所有者权益总额达15.9万亿元，与2009年相比增长16.89%。从行业角度来看，500强中制造业企业营业收入为13.2万亿元，比2009年增长2.23%；总资产达到13.7万亿元，比2009年增长16.91%；所有者权益为4.9万亿元，比2009年增长13.24%。服务业企业营业收入为11.6万亿元，比2009年增长4.9%；总资产达到73.5万亿元，比2009年增长23.6%；所有者权益为8.9万亿元，比2009年提高了17.3%。

经济效益好转，盈利水平回升。2010年中国企业500强实现净利润1.5万亿元，企业利润率达5.44%，比2009年增加0.7个百分点；净资产收益率为9.39%，比2009年增加0.5个百分点。从行业角度来看，500强中制造业企业实现净利润2544.53亿元，比2009年增长26.5%；利润率为3.97%，比2009年提高0.75个百分点；净资产收益率为10.66%，比2009年提高0.84个百分点。服务业企业实现净利润8601亿元，比2009年增长22.2%，扭转了2009年度净利润下滑的局面；利润率为7.39%，比2009年提高1.04个百分点；净资产收益率为9.55%，比2009年提高0.24个百分点。

并购重组积极，财税贡献稳定。2010年中国企业500强中有154家企业进行了并购重组，共并购重组了909家企业，平均每家企业并购重组约6家企业。相比之下，2007年，平均每家企业并购重组3.11家企业；2008年，平均每家企业并购重组3.44家企业；2009年，平均每家企业并购重组4.41家企业。这说明，虽然经历了全球金融危机的冲击，中国大企业不仅没有放慢并购重组的步伐，反而有加快之势，在经济发展方式转变和产业结构调整中继续发挥着重要作用。2010 年中国企业 500 强纳税总额为 2.12 万亿元，占全国税收总额的 35.7%，与 2009 年基本持平。其中，制造业企业纳税总额为 1.02 万亿元，占全国税收总额的 17.1%，比 2009 年提高 1.4 个百分点；服务业企业纳税总额为 6392 亿元，占全国税收总额的 10.8%，比 2009 年降低 1.1 个百分点。

研发投入加大，创新能力提升。2010 年中国 500 强企业平均研发费用为 7.75 亿元，比 2009 年增长 14.48%；平均研发投入比例为 1.40%，比 2009 年略有增长。其中，制造业企业平均研发费用为 5.51 亿元，比 2009 年增长 5%；平均研发投入比例为 2%，与 2009 年基本持平。2010 年中国企业 500 强拥有 16.9 万项专利，比 2009 年增长 13.3%，其中发明专利 5.2 万项，与 2009 年持平。2009 年底，中央企业累计拥有有效专利 76183 项，其中发明专利 21266 项，同比增加 19659 项和 4467 项。

二、中国企业 500 强在转变发展方式过程中面临的主要问题

党的十七届五中全会再次强调，以加快转变经济发展方式为主线，是推动科学发展的必由之路。中国企业 500 强在转变发展方式中取得了重大进展，但要实现“发展现代产业体系，提高产业核心竞争力”的重要目标，必须高度关注一些突出问题。

营业收入和利润高度集中于某些行业。从行业数量来看，在 2010 年中国 500 强企业中，制造业企业有 279 家，比 2009 年减少 15 家；服务业企业有 143 家，比 2009 年增加 10 家；其他企业有 78 家，比 2009 年增加 5 家。从营业收入和利润来看，黑色冶金及压延加工业，建筑业，

银行业，石化产品、炼焦及其他燃料加工业，石油、天然气开采与经营业等五大行业的营业收入为12.66万亿元，占总额的34.8%，比2009年36.8%的份额略有下降。其中，银行业、邮电通信业、石油天然气开采及生产业等三大行业共实现利润6873亿元，占500强利润总额的45.7%。500强企业整体上营业收入和利润的行业分布高度集中的状况亟待改变。

产能过剩现象有所反弹。自2009年以来，由于抗击全球金融危机、确保经济增长的现实要求，各地在实现经济快速扩张的同时，一些高耗能项目有所反弹，违规建设、盲目扩产加剧了产能过剩现象。全国水泥投资同比增长78%以上，2011年在建水泥生产线超过200条，新增生产能力超过2亿吨；造船业生产能力过剩约1600万载重吨，约占总能力的1/4；制造业高速发展的背后，绝大多数企业，包括许多中国500强企业"大而不强"，其能源利用率、污染排放等指标与发达国家大企业相比仍有很大差距。如何在保持较快增长的同时进一步巩固和加强经济发展方式转变的成果，这是中国大企业所面临的一个现实考验。

国际知名度仍然较低。2010年中国500强企业缺乏一批真正能够代表中国、具有世界声誉的国际著名品牌。无论是中国石油公司、中国工商银行，还是国家电网公司，2011年毫无疑问是全球最赚钱的一些企业，但并没有成为真正的世界著名品牌，它们80%以上的营业收入在国内，主要业务在中国，而不是世界，从这个意义上讲，它们还不是真正的全球化公司。在知名度与品牌认可方面，中国企业500强与美国及其他世界500强企业相比，仍存在不小差距。

地域分布很不均衡。在2010年中国企业500强中，东部9省市共有

354家企业入围，比2009年增加了6家，占比达70.8%；中部6省区有59家企业入围，比2009年减少了6家，占比为11.8%；西部11省区市共有58家企业入围，比2009年减少了3家，占比为11.6%；东北三省共有29家企业入围，比2009年增加了3家，占比为5.8%。由此可见，500强企业在地域分布上出现了向东部集中的明显变化。政策对资源性企业的倾斜程度降低，发展环境没有东部地区便利，是中西部地区500强企业数量减少的一个重要原因。

民营企业的发展后劲不足、经营效益较低。总体来看，在中国500强企业中，前36位都是大型国有企业，民营企业所占比例仅为1/3左右。“千亿元俱乐部”共有63家企业，民营企业只有5家。就利润总额而言，在500强企业中，民企也难望国企项背，2009年中央企业全部利润近8000亿元，是民营企业全部利润总额的4倍之多，如果再加上工行、建行等四大国有银行的利润，国企利润几乎是民企的6倍，甚至中国移动和中国石油两家企业的净利总和就超过了民企利润总和。

三、进一步转变经济发展方式，提高增长质量

中国500强企业要获得全方位的发展空间，就要坚定不移地遵循党的十七届五中全会精神，打好经济发展方式转变这场攻坚战，提高增长质量。

调整产业结构，完善企业价值链。企业之所以盈利，是因为其创造的价值超过了从事该价值活动所支付的成本。企业要取得竞争优势，超过竞争对手，就必须做到，要么以更低的成本从事价值创造活动，要么从事的经营活动会导致差异性的结果，或者创造更多的价值，从价值的

提高中获取更多的盈利。产业升级换代是企业赢得新的竞争优势和获得更多盈利的重要保障，也是应对挑战、渡过难关的重要对策。应对全球金融危机，实现企业可持续发展，必须适时调整产业结构，围绕主业延长产业链，提升价值链，使产业结构更趋完善合理，获取产业链前后端和价值链高端的收益，培育新的经济增长点。比如，比亚迪公司放弃了汽车产业传统的水平整合、专业分工模式，从购买模具厂开始，自己建造工厂、生产线甚至生产设备，几乎将所有制造环节都纳入旗下。中粮集团、新希望集团致力于打造农牧业的全产业链，雅戈尔则将业务链条延伸至棉田、印染厂、棉纺厂、制造厂、物流中心、零售终端等服装产业的所有环节。

调整组织结构，健全管理体系。组织结构是企业内部各个有机构成要素相互作用的联系方式或形式，以求有效、合理地把组织成员集合起来，为实现共同目标而协同努力。随着企业规模的不断扩大，机构臃肿僵化、市场反应迟缓日益成为不少大企业的通病。能否有效地防止和解决“大企业病”，直接影响到大企业的活力和竞争力。为突破这一困境，宝钢集团大力推进管理变革，建立大部制，实施扁平化管理，总部职能部门从 20 个缩减到 10 个，职能从 45 项缩减到 38 项，管理岗位从 60 个减少为 33 个。中铝集团总部管理体制由操作管控型向战略管控型转变，公司 18 个部门精减到 12 个，下属股份公司 18 个部门整编为 6 个，所有部门负责人和处级干部实行公开竞聘、择优录用，一般员工双向选择。

内外市场兼顾，推进战略转型。这次全球金融危机爆发后，发达国家消费不振，新兴市场经济体率先复苏、内需扩大，周边市场和广大发展中国家需求潜力释放。一方面，一些发展中国家经济恢复遇到外汇、资金瓶颈制约，希望与我国加强经贸合作；另一方面，党和政府扩大内需政策和产业振兴规划的实施，为我国大企业开拓新市场、创造新需求提供了难得的历史机遇。许多家电大企业利用国家的家电下乡、以旧换新、3G网络建设等扩大内需政策措施，认真分析市场形势，及时掌握供求信息，捕捉商机，巩固和扩大市场份额，千方百计开拓新兴市场。全球金融危机使单纯依靠低成本竞争的发展模式迅速衰减，大量生产低附加值产品和劳动密集型产品的企业转瞬就丧失了生存与发展空间。实践使一些大企业将主要精力用于培育独具特色的核心品牌，锻造自主创新能力，实施差异化竞争战略，为顾客提供高附加值、个性化的产品和服务。

强化竞争能力，实现角色转换。相比较而言，全球金融危机对于国外企业的打击更为迅速、更为直接，这使得许多大型跨国企业竞争地位受到严重的削弱，而中国企业的国际竞争力则相对有所提升。这一竞争地位的变化必然带来国内大企业与跨国公司的竞争合作关系的明显改观，从而使我国一些企业在国际合作中逐步从“追随者”转变为“挑战者”，2009年以来发生的多起中国企业并购著名跨国公司就是强有力的证明。

（本文原载于《求是》2011年第7期）

后 记

从 1997 年我在复旦大学读政治学专业硕士研究生、经济学专业博士研究生开始，到中国人民大学从事哲学专业博士后研究，然后到中共中央机关刊物求是杂志社从事党的理论宣传工作，其间亲身体会了中国社会变迁中经济发展的重大变化。回望中华大地 5000 年的风霜雨雪，实现国富民强、民族腾飞一直是中华民族的梦想，而这一梦想只有到了今天才得以有实现的现实基础。

从中华民族 5000 年文明史、世界社会主义 500 年历史、近代 170 多年奋斗史，从我们党成立 97 周年、执政 69 周年、改革开放 40 年历史出发，这 20 年的时间或许不长，但是改革开放大潮犹如大浪淘沙，风起云涌，跌宕起伏，既令人感慨，又激励人们思考。习近平总书记在党的十九大报告中指出，中国特色社会主义进入了新时代，这是我国发展新的历史方位。面对新时代，重温自己曾经笔耕不辍写下的文字，“不忘初心，牢记使命”，回首过去，展望未来，激励前行。

党的十八大以来，以习近平同志为核心的党中央坚持把马克思主义基本原理与中国具体实际相结合，与中华民族伟大复兴中国梦相结合，形成了习近平新时代中国特色社会主义思想，使中国特色社会主义进入新时代。新时代全面深化改革需要久久为功。历史从不眷顾因循守旧、满足现状者，机遇属于勇于创新、永不自满者。一切伟大成就都是连续奋斗的结果，一切伟大事业都需要在继往开来中推进。改革开放是当代中国发展进步的必由之路，是实现中国梦的必由之路。我国改革开放40年来在经济建设方面探索的历史经验及取得的伟大成就，是我们党的巨大宝贵财富。深入探讨中国经济理论与实践创新问题，对进一步推进改革开放和中国特色社会主义伟大事业具有极其重要的意义。

习近平总书记指出：“好学才能上进。中国共产党人依靠学习走到今天，也必然要依靠学习走向未来。我们的干部要上进，我们的党要上进，我们的国家要上进，我们的民族要上进，就必须大兴学习之风，坚持学习、学习、再学习，坚持实践、实践、再实践。”作为党的理论宣传工作者，必须牢记党的基本理论、基本路线、基本纲领和基本经验，脚踏实地，埋头苦干，不畏艰难，奋力拼搏，勇于开拓，牢记党和人民的重托和肩负的历史责任，自觉在艰苦奋斗的实践中加强党性锻炼，牢固坚持和树立正确的世界观、人生观、价值观。要在学习中提高丰富自己的工作技能和实践本领，这样才能把良好的愿望和实际工作效果结合起来，实现工作与效果的有机统一。

2018年5月

图书在版编目（CIP）数据

中国社会变迁中的经济问题研究 / 顾保国著 . -- 北京：北京联合出版公司 , 2018.8
ISBN 978-7-5596-2306-5

Ⅰ . ①中… Ⅱ . ①顾… Ⅲ . ①中国经济 – 经济发展 – 研究 Ⅳ . ① F124

中国版本图书馆 CIP 数据核字（2018）第 143670 号

中国社会变迁中的经济问题研究
作　　者：顾保国
总 发 行：北京华景时代文化传媒有限公司
责任编辑：李　征
封面设计：九　一
版式设计：张　敏
责任审读：赵　娜　刘配书

北京联合出版公司出版
（北京市西城区德外大街 83 号楼 9 层 100088）
北京文昌阁彩色印刷有限责任公司　　新华书店经销
字数 188 千字　　690 毫米 ×980 毫米　　1/16　　17.5 印张
2018 年 8 月第 1 版　　2018 年 8 月第 1 次印刷
ISBN 978-7-5596-2306-5
定价：68.00 元